COMO SE PREPARAR PARA UM EXAME

Brigitte Chevalier

COMO SE PREPARAR PARA UM EXAME

Tradução
ANDRÉA STAHEL M. DA SILVA

Martins Fontes
São Paulo 2005

Esta obra foi publicada originalmente em francês com o título PRÉPARER UN EXAMEN por Éditions Nathan, Paris.
Copyright © 1992 by Éditions Nathan, Paris.
Copyright © 2005, Livraria Martins Fontes Editora Ltda., São Paulo, para a presente edição.

1ª edição
fevereiro de 2005

Tradução
ANDRÉA STAHEL M. DA SILVA

Acompanhamento editorial
Luzia Aparecida dos Santos
Revisões gráficas
Marisa Rosa Teixeira
Solange Martins
Dinarte Zorzanelli da Silva
Produção gráfica
Geraldo Alves
Paginação/Fotolitos
Studio 3 Desenvolvimento Editorial

Dados Internacionais de Catalogação na Publicação (CIP)
(Câmara Brasileira do Livro, SP, Brasil)

Chevalier, Brigitte.
  Como se preparar para um exame / Brigitte Chevalier ; tradução Andréa Stahel M. da Silva. – São Paulo : Martins Fontes, 2005. – (Ferramentas)

  Título original: Préparer un examen.
  ISBN 85-336-2091-8

  1. Exames – Guias de estudo 2. Métodos de estudo 3. Trabalho intelectual – Metodologia 4. Trabalhos escolares I. Título. II. Série.

05-0484   CDD-371.26

Índices para catálogo sistemático:
1. Exames : Preparação : Guias do estudante : Educação 371.26

Todos os direitos desta edição para o Brasil reservados à
Livraria Martins Fontes Editora Ltda.
Rua Conselheiro Ramalho, 330 01325-000 São Paulo SP Brasil
Tel. (11) 3241.3677 Fax (11) 3101.1042
e-mail: info@martinsfontes.com.br http://www.martinsfontes.com.br

A "meus" estudantes,

A meus filhos

Sumário

Introdução 1

1. Conhecer-se melhor para estudar melhor .. 5
Teste: qual é seu perfil cerebral dominante? 5
Treinamento 14
Esquema 16

2. Memorizar 17
Experiências 18
   1. Como se preparar para aprender: o tempo T – 1 19
   2. Como apreender a informação: a leitura aprofundada 25
   3. Como canalizar a informação: as anotações.. 27
   4. Como registrar: a fase de aprendizagem 33
   5. Como reter: as fases de reativação 41
   6. Como recuperar o que foi aprendido: a recordação 44
   7. Os procedimentos mnemotécnicos 45
Treinamento 48
Esquema 51

3. TIRAR PARTIDO DE UMA AULA 53
   1. Escutar não é ouvir 53
   2. Como melhorar a qualidade de escuta 54
   3. Antes da aula 57
   4. Durante a aula 60
   5. Depois da aula 63
   Treinamento 65
   Esquema 74

4. ORGANIZAR O TRABALHO 75
   1. Previsão anual ou semestral 76
   2. Previsão semanal 77
   3. Programa de um dia sem aulas 77
   4. Um problema espinhoso: começar a trabalhar 80
   5. A caça ao tempo morto 82
   6. O trabalho em grupo 83
   7. Estar em forma 84
   Treinamento 86
   Esquema 89

5. ENFRENTAR UM EXAME 91
   1. Dividir o tempo 92
   2. Analisar o tema 93
   3. Mobilizar os conhecimentos 100
   Treinamento 104
   Esquema 107

6. CONSTRUIR UMA ESTRUTURA 109
   1. Os diferentes tipos de estrutura 109

2. Que estrutura escolher? 121
   Treinamento 123
   Esquema 137

7. DAR FORMA AO TRABALHO 139
   1. A técnica da introdução 140
   2. A técnica do parágrafo 142
   3. A técnica da conclusão 149
   4. Um caso particular: o exame oral 151
   Treinamento 152
   Esquema 163

SOLUÇÕES 165

CONCLUSÃO 185

Introdução

Por que este livro?

Este livro tem como objetivo permitir a todos os que estudam adquirir os métodos de trabalho necessários para se preparar para seus exames e enfrentá-los com êxito: saber tirar partido de um curso, memorizar, analisar um tema, mobilizar os conhecimentos, realizar os trabalhos solicitados... Numerosas pesquisas, realizadas em vários países, evidenciam que o bom desempenho na universidade está diretamente ligado às estratégias utilizadas: os estudantes mais bem-sucedidos são os que recorrem a técnicas eficazes e variadas.

Qual o procedimento adotado?

O "padrão de pensamento" universal que conviria a todos não existe. A aquisição de métodos adaptados passa obrigatoriamente pelo **conhecimento de si**. Por isso este livro, assim como o consagrado à leitura e às anotações[1], propõe o seguinte procedimento: antes de lhe oferecer informações sobre a memorização, sobre a escuta, sobre a construção de um texto..., antes de o levar a colocar em prática os métodos apresentados, ele o conduz, no capítulo 1, a descobrir sua **gestão cerebral**. Você possuirá, assim, os meios de **explorar plenamente seus recursos intelectuais**, condição indispensável para sair-se bem nos estudos e, depois, na vida profissional.

Ainda pensando na individualização, este livro apresenta uma **dupla entrada**: a das palavras e a das representações imagéticas. Depois de determinar por intermédio do teste da página 5 seu estilo de aprendizagem preferencial, você poderá abordar cada capítulo da maneira que melhor lhe convier: leitura do texto ou leitura dos esquemas (situados no fim dos capítulos). Em seguida, você poderá efetuar o trajeto inverso. Esse procedimento permite ao mesmo tempo uma consolidação da informação, a descoberta de novas estratégias e a mobilização de todo o cérebro.

O que você encontrará neste livro?

– um **teste** para identificar seu perfil cerebral dominante;

---

1. *Leitura e anotações: gestão mental e aquisição de métodos de trabalho*, Brigitte Chevalier. São Paulo, Martins Fontes, 2004.

– **partes informativas** sobre as diferentes capacidades a desenvolver;
– **itinerários metodológicos**;
– **séries de treinamento** com suas **soluções**.

1. Conhecer-se melhor para estudar melhor

Você está no centro da aprendizagem. Por isso este capítulo, que constitui o pano de fundo de toda a obra, tem início por um teste que lhe permitirá situar seu *modo de gestão mental preferencial*. Ele se propõe em seguida, graças ao conhecimento do funcionamento cerebral, conduzi-lo a colocar em prática os procedimentos necessários para *mobilizar todas as suas faculdades* e, assim, contribuir para o êxito de seus estudos.

TESTE
QUAL É SEU PERFIL CEREBRAL DOMINANTE?

Circunde ou anote sua resposta: a ou b.
1. Quando pede informações sobre um caminho a alguém, você prefere:
   a. que a pessoa faça um mapa para você;
   b. que a pessoa lhe explique o caminho (2ª à esquerda etc.).

2. Quando conhece uma pessoa, você recorda mais facilmente:
   a. seu rosto;
   b. seu nome.
3. Pense em um acontecimento que o marcou... O que lhe veio de início ao espírito?
   a. você reviu o lugar, as pessoas;
   b. você voltou a escutar as palavras pronunciadas, evocou o ambiente sonoro.
4. Quando prepara uma dissertação, como você procede para encontrar idéias?
   a. deixa as idéias virem aos borbotões, sem ordem;
   b. explora sistematicamente todas as pistas possíveis.
5. Para calcular mentalmente 54 + 17, você tende a:
   a. ver os números em sua cabeça como se esboçasse a operação;
   b. dizer (em voz alta ou baixa) 4 + 7 = 11, vai 1 etc.
6. O que você prefere?
   a. as disciplinas literárias;
   b. as disciplinas científicas.
7. O que você prefere?
   a. geografia;
   b. história.
8. No âmbito da matemática, você se sente mais à vontade:
   a. com a geometria;
   b. com a álgebra.
9. Quando aprende a ortografia de uma palavra (em português ou em outra língua):
   a. você a fotografa mentalmente;
   b. você a soletra ou a pronuncia (em voz alta ou baixa).

10. Se viaja, você tende a:
   a. não programar demasiadamente a viagem;
   b. preparar seu itinerário minuciosamente.
11. Em uma sala de cinema, você prefere sentar-se:
    a. ligeiramente à direita da tela;
    b. ligeiramente à esquerda da tela.

Interpretação do teste

Conte os **a** e os **b**. Se os **a** prevalecem, é o cérebro direito que predomina em você (ver p. 165); se os **b** aparecem em maior número, é o cérebro esquerdo. Essa tendência é mais ou menos marcada de acordo com a quantidade de **a** ou de **b**. Você encontrará, em todo o decorrer deste livro, conselhos que lhe permitirão adaptar seus métodos à sua personalidade. Você aprenderá a melhor tirar partido de seu modo cerebral preferencial, desenvolvendo ao mesmo tempo o modo mais discreto.

→ Os "cérebros direitos" poderão de início remeter-se aos esquemas que figuram no final dos capítulos a fim de visualizar o conteúdo. Veremos como isso é importante para eles.

1
O cérebro continua sendo uma "caixa-preta"?

A partir de 1970, as pesquisas sobre o cérebro conheceram um desenvolvimento espetacular; em vinte anos, aprendemos mais do que em vinte séculos.

A invenção de novas técnicas de exploração permite, a partir de então, ver as zonas do cérebro mobilizadas nesta ou naquela atividade: a "caixa-preta" iluminou-se. A contribuição das neurociências é capital no domínio do trabalho intelectual; veremos suas múltiplas aplicações.

2
O que se compreende por cérebro reptiliano, cérebro límbico e córtex?

Três cérebros apareceram sucessivamente no decorrer da evolução da espécie humana.

O **cérebro reptiliano** é o mais antigo. É o cérebro dos vertebrados inferiores (peixes, lagartos...). Sua principal função consiste em assegurar a **sobrevivência** do indivíduo e da espécie. Ele comanda as necessidades básicas (fome, sono...) e os reflexos de defesa. Age de um modo único, do tipo estímulo-resposta, e se revela incapaz de adaptação.

O **cérebro límbico**, às vezes chamado de sistema límbico, circunda o cérebro reptiliano. Ele é parecido com o cérebro dos mamíferos. É o domínio da **afetividade**. Facilmente invadido pelas emoções, ele pode então ser impermeável à lógica.

Sua função principal é filtrar as informações em função dos sentimentos vivenciados. Cada vez que recebe uma informação nova, ele a compara com o estoque de informações já registradas. Se a comparação evoca recordações desagradáveis, ele se coloca

em posição de defesa e talvez não transmita a informação ao córtex (ver mais adiante).
O cérebro é útil uma vez que preserva nosso equilíbrio físico e psíquico. Mas, às vezes, ele nos impede de avançar e inovar, por medo do desconhecido.
O **córtex** é o último na ordem de aparecimento. Ele nos distingue dos outros mamíferos. Por sua dimensão e suas funções, é o cérebro mais importante. Graças a ele, podemos **falar, raciocinar, inventar, mostrar decisão** (e não agir de um modo estereotipado).

3
É verdade que o cérebro esquerdo e o cérebro direito têm funções diferentes?

O cérebro, assim como uma noz, é dividido em duas partes que parecem ter cada uma sua especificidade, como demonstraram numerosas pesquisas.

Alguns estudos são mais circunspectos quanto às localizações cerebrais precisas. Isso não altera em nada nossa proposta. Em cada pessoa há algumas facetas que correspondem ao que é atribuído ao cérebro esquerdo e outras ao que é atribuído ao cérebro direito. O problema, para nós, é tirar partido de nossos diferentes recursos.

O quadro seguinte mostra o modo de funcionamento do cérebro esquerdo e do cérebro direito.

Cérebro esquerdo (ou hemisfério esquerdo)		Cérebro direito (ou hemisfério direito)	
1 tronco + uma casca + galhos + folhas... = uma árvore (palavra)		= uma árvore (imagem)	
auditivo analítico racional lógico	linear temporal seqüencial vê as diferenças	visual sintético intuitivo analógico	global espacial simultâneo vê as semelhanças

Agora você compreende por que o cérebro esquerdo fica mais à vontade em relação às disciplinas científicas, ao passo que o cérebro direito prefere as disciplinas literárias ou artísticas.

Especialização não significa absolutamente separação. O corpo caloso que une os dois hemisférios permite que eles se comuniquem. Em toda ação bem-sucedida, os dois cérebros colaboram. *Ambos* são necessários para pensar eficazmente.

Em geral, cada indivíduo funciona de um modo predominante: esquerdo ou direito. Essa preferência resulta tanto da natureza (inato, hereditariedade) como da aquisição (ensinamento recebido, entorno). Mas todos possuímos **duas maneiras diferentes e complementares de tratar a informação:**
– um tratamento linear, analítico, que administra as palavras;

– um tratamento global, espacial, que administra as imagens e as estruturas.

Contudo, para que os dois hemisférios desempenhem plenamente sua função, é preciso solicitá-los. Por ocasião da aprendizagem de uma operação intelectual, a informação segue certo trajeto através dos neurônios, as células do cérebro. Para que esse trajeto se fixe, práticas repetidas são necessárias. As vias mais utilizadas se consolidam, as outras tendem a desaparecer. Se habitualmente recorremos mais a um cérebro do que ao outro, o cérebro não mobilizado permanece adormecido. Há possibilidade de perdermos pouco a pouco uma parte de nossas faculdades.

4
Que conseqüências práticas tirar dos novos dados referentes ao cérebro?

À medida que formos abordando as capacidades visadas nos diferentes capítulos, voltaremos a essa questão. Desde já, destaquemos as conseqüências gerais sobre a maneira de conduzir seus estudos.

Acredite em suas possibilidades

O impacto da atitude mental é imenso na aprendizagem. Você está agora em melhores condições de compreender o que acontece. Viu que o sistema límbico transmite ao córtex apenas o que lhe convém. Se ele está diante de uma situação que evoca recordações agradáveis, ele dá sinal verde ao córtex: todas as funções intelectuais se harmonizam para agir da melhor maneira possível. Caso contrário, o programa é retardado, até mesmo inibido.

Já que o êxito condiciona o êxito, proporcione-se sucessos, mesmo modestos. Para isso, fixe **objetivos próximos e acessíveis**. Com muita freqüência, duvidamos de nossas possibilidades porque fomos demasiadamente ambiciosos no início. Se sua capacidade de assimilação (ver p. 23) em economia é de vinte minutos, preveja chegar a vinte e cinco minutos após algumas sessões de treinamento, e não a quarenta minutos.

Mantenha sua motivação

O êxito de uma aprendizagem depende em grande parte da motivação. Essa motivação não pode nascer senão de um sentimento de prazer ou, ao menos, de expectativa com relação ao que se estuda. O que fazer se você não gosta de uma matéria? Tente identificar a importância da disciplina para o seu curso. É primordial ter um **projeto**, cuja evocação o ajudará.

Em caso de dúvida a respeito do que fazer ao término de seus estudos, aconselhe-se com um orientador, com um professor, "esquadrinhe" os folhetos de informação. O leque de possibilidades é mais amplo do que você imagina. Não se deixe desencorajar pelos pessimistas.

Por outro lado, saiba que atingir um objetivo, mesmo de alcance limitado, é um poderoso fator de motivação.

Explore todo o seu cérebro

Graças ao teste do início do capítulo, você evidenciou seu modo de pensamento predominante: esquerdo ou direito.

Se tem uma preferência pelo **modo esquerdo**, você necessita de **palavras** para apreender a informação. Por isso, quando estiver diante de um gráfico, descreva-o, comente-o.

Se tem uma preferência pelo **modo direito**, você necessita de **imagens** para apreender a informação. As ilustrações (esboços, mapas, esquemas) são seus aliados valiosos. Você também pode recorrer a metáforas, a imagens mentais, estabelecer associações: "Isto parece com..., isto me faz lembrar..." Por exemplo: "O cérebro límbico é um cão de guarda: ele avalia antes de deixar passar."

Agora você compreende por que previ uma dupla entrada para este livro: a linguagem das palavras para os cérebros esquerdos, mais auditivos, e a linguagem das imagens para os cérebros direitos, mais visuais.

Para abordar uma noção complexa, é importante recorrer a seu hemisfério dominante. Mas nem por isso deixa de ser importante treinar sistematicamente o hemisfério mais "apagado". *Utilizar o duplo cérebro* apresenta inúmeras vantagens: você compreenderá e memorizará com maior facilidade, enfrentará todas as situações, tirará pleno partido de seu potencial cerebral e se desenvolverá.

TREINAMENTO

Objetivo: assimilar as noções deste capítulo a fim de se conhecer melhor.

Exercício 1
Verdadeiro ou falso? Assinale ou anote sua resposta.

1. O córtex é o cérebro mais recente.   V ❏ F ❏
2. O cérebro límbico pode bloquear a reflexão.   V ❏ F ❏
3. Gravar seu nome em uma árvore é uma manifestação do córtex.   V ❏ F ❏
4. O cérebro límbico pode ser um freio à aquisição de novos métodos.   V ❏ F ❏
5. O medo pode ser superado graças ao córtex.   V ❏ F ❏
6. Quando você está corado de prazer, seu córtex intervém.   V ❏ F ❏
7. Os reflexos são comandados pelo cérebro reptiliano.   V ❏ F ❏
8. É graças ao córtex que falamos.   V ❏ F ❏

Exercício 2
Assinale a casa correspondente à sua resposta[1].

	CE	CD
1. Organizado		
2. Intuitivo		
3. Discrimina os traços característicos		
4. Recebe a informação "neutra"		
5. Estético		
6. Minucioso		
7. Recebe as emoções		
8. Auditivo		
9. Procede por etapas		
10. Visual		
11. Metódico		
12. Dedutivo		

Exercício 3
1. Peça a alguém para ler vinte palavras isoladas para você. Anote as que você lembrar.
2. Leia outras vinte palavras. Anote as que você lembrar.
3. Compare a quantidade de palavras que você lembrou. Se a quantidade é maior no primeiro caso, você sem dúvida é auditivo (cérebro esquerdo); se a quantidade é maior no segundo caso, você é mais visual (cérebro direito). Isso corresponde ao que você constatou quando fez o teste?

---

1. CE = cérebro esquerdo, CD = cérebro direito.

16 \ *Como se preparar para um exame*

O FUNCIONAMENTO CEREBRAL

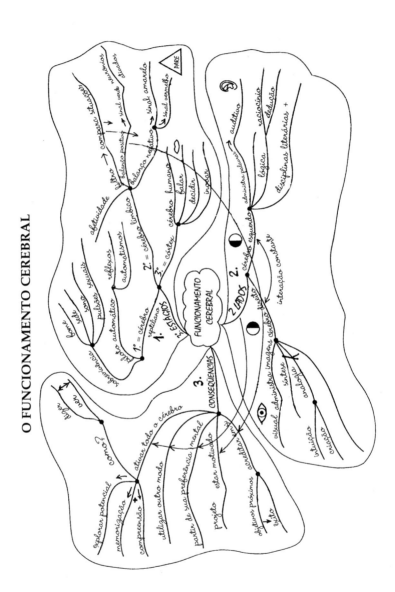

2. Memorizar

Memorizar, ou seja, assimilar novos conceitos, representa a atividade central de todo estudante. As pesquisas na área de psicologia da aprendizagem permitem conhecer os processos subjacentes à memorização.

Os especialistas distinguem, em geral, dois níveis de memória[1].

O primeiro, denominado **memória imediata** ou memória de trabalho, conserva nossas recordações por alguns segundos. É ela que intervém quando, depois de termos consultado o sumário, abrimos a revista na página em que se localiza o artigo que procuramos. Essa memória, limitada na duração, também é limitada na capacidade: sete elementos (palavras isoladas, números).

O segundo nível constitui a **memória de médio ou longo prazo**. Ela não somente tem uma capaci-

---
1. Alguns autores acham que, entre essas duas memórias, há uma memória intermediária que duraria cerca de vinte minutos.

dade quase ilimitada, mas funciona durante períodos muito mais extensos, que podem variar de algumas horas a uma vida inteira. Como é possível que retenhamos algumas informações por um tempo muito curto e outras por toda nossa existência? Essa é, evidentemente, a questão essencial à qual este capítulo se propõe responder. Trata-se de **identificar os fatores que favorecem uma memorização eficaz**, portanto duradoura. Contrariamente a uma opinião muito difundida, a memória é adquirida, cultivada e não é um dom reservado a alguns eleitos.

EXPERIÊNCIAS

Estas duas experiências têm como objetivo, não avaliar sua capacidade de retenção, mas fazer você tornar-se consciente das leis que regem a memória. Anote cuidadosamente e **guarde** suas respostas. Você precisará delas várias vezes ao longo do capítulo.

Experiência nº 1

1. Leia a série de palavras nº 1. Cubra-a e anote as palavras que lembrar na ordem que lhe convier.
2. Faça o mesmo com a série nº 2.
3. Compare a quantidade de palavras retidas para cada série.

Série 1: mesa – bronze – vaso – couro – esperança – lençol – verão – curso – janela – uva – sótão – ônibus – cólera –

rochedo – cruzamento – paz – pintura – assunto – ouvinte – aptidão.

Série 2: violão – piano – catálogo – violino – revista – jornal – publicação – tambor – diário – anuário – harpa – enciclopédia – sanfona – dicionário – flauta – guitarra – periódico – livro – violoncelo – prospecto.

Experiência n.º 2

1. Leia a lista 1. Cubra-a. Anote as palavras que lembrar.
2. Faça o mesmo com a lista 2.
3. Compare a quantidade de palavras retidas para cada lista.
4. Olhe a localização das palavras memorizadas na lista 1 e sua(s) particularidade(s).

Lista 1		Lista 2	
às vezes	estimar	dormir	correr
lógica	conjunto	cama	ônibus
flexível	propor	acordar	trabalhar
hipoalergênico	acaso	levantar	escrever
base	razão	tomar banho	telefonar
presença	esquema	vestir-se	reunião
conjunto	programa	café da manhã	decisão
ponto		sair	

1. COMO SE PREPARAR PARA APRENDER: O TEMPO T – 1

Apenas um estudo ativo, participante, no qual nos sentimos implicados, é um estudo proveitoso. Para iniciar tal estudo, é necessário, antes de toda aprendizagem, um tempo de preparação. Ao longo desse tempo T – 1, três procedimentos devem ser realizados.

1.1
Finalizar sua aprendizagem reconstituindo-a em um projeto

Recordamo-nos muito bem do que é suscetível de nos servir. Saber que o esforço de memorização servirá ajuda muito. Antoine de la Garanderie acha que não podemos aprender sem um gesto implícito de projeto[2]. Segundo ele, o imaginário do futuro é o lugar de conservação de nossas lembranças. Com freqüência, quem afirma não ter memória não tem intenção de utilizar novamente seus conhecimentos.

Conversas com diferentes categorias de pessoas reforçam essa tese. Assim, os concertistas e os atores reconhecem que, quando aprendem, já se vêem em cena, diante de um público. Do mesmo modo, as entrevistas com craques revelam que eles sentem necessidade de se projetar no futuro pela imaginação. Questionados inesperadamente, são obrigados a se colocar em situação de competição para responder.

Além disso, com certeza lembramo-nos melhor daquilo que nos concerne (a data de nascimento de

---
2. A. de la Garanderie, *Pédagogie des moyens d'apprendre: les enseignants face aux profils pédagogiques*, ed. Le Centurion, 1982.

uma pessoa próxima, mais do que a de um político, mesmo famoso...) ou que nos interessa (determinado assunto, determinada maneira...). Sem intervenção de nossa parte, a memória coloca de lado o que não agrada a ela.

Por isso, antes de começar a estudar, evoque seu projeto e redefina-o se necessário.

– Situe a aula a ser estudada com relação ao conjunto do programa, por um lado, e com relação às aulas precedentes, por outro.

– Tenha sempre em mente a questão: por que vou guardar essas informações? Essa precaução se mostra particularmente útil em relação às disciplinas que lhe parecem áridas e que você tenderia a evitar.

A aquisição de conhecimentos adquire, então, um sentido, ao passo que aprender por aprender esclerosa a memória. Ter um projeto estimula sua mente, prepara-a para um estado de receptividade máxima e para uma participação ativa. A atenção é um processo antecipatório.

Ao longo da seqüência de memorização, imagine as condições em que você deverá reconstituir as informações: local, pessoas, assunto(s) a abordar. Se você conhece o professor que corrigirá sua prova ou que o interrogará, tenha em mente os pontos sobre os quais ele insistiu. Se esse não for o caso, mesmo assim preveja as questões, as expectativas do examinador. Você é como os artistas mencionados anteriormente: **aprenda projetando-se no futuro**. Ao viver mentalmente a situação, você se sentirá diretamente envolvido. É corriqueiro dizer que, para se sair bem, é preciso estar motivado; ora, na motivação está incluída a representação de si desempenhando um papel positivo. Além do mais, no dia do exame, você já não se sentirá desnorteado.

1.2
Delimitar a quantidade e a duração do trabalho

O sistema límbico, lembre-se, tem medo do estresse, do desconhecido que lhe parece sempre perigoso. Encontrar-se diante de uma pilha impressionante de aulas para estudar é uma situação que ele teme particularmente. Se, de início, você tomar a precaução de determinar a extensão a ser abarcada e de fixar o tempo a ser consagrado a isso, você contornará essa dificuldade. Esse procedimento apresenta mais três vantagens.

Em primeiro lugar, como comprovam as pesquisas recentes na área de organização do trabalho, ele **facilita o trabalho**, seja ele material ou intelectual. Por quê? Simplesmente porque fornece pontos de referência que permitem delimitar os esforços.

Em segundo lugar, se você selecionar uma quantidade razoável de páginas para estudar, em relação ao tempo determinado, você terá, ao final da seqüência de estudos, não mais a impressão arrasadora de ainda ter muitas aulas para estudar, mas sim a **satisfação de ter atingido seu objetivo**. Ao utilizar marcas para materializar as passagens, você visualizará o caminho percorrido.

Em terceiro lugar, a experiência mostra que, quanto maior o tempo de que dispomos para efetuar um trabalho, mais esse trabalho tende a se prolongar. As estatísticas do CNED (Centre national d'enseignement à distance [Centro nacional de ensino à distância]) evidenciam que a taxa de aprovação nos exames e concursos é maior entre os estudantes que exercem uma atividade profissional do que entre os estudantes "em tempo integral". Esses resultados são a prova de que **um tempo limitado é utilizado ao máximo**: permite evitar divagações e **favorece a concentração**. Na realidade, o cérebro age no prazo que fixamos para ele, contanto, é claro, que esse prazo seja razoável e realista.

Como proceder?
Para estimar o tempo necessário a tal estudo, avalie sua **capacidade de assimilação** da seguinte maneira: coloque seu relógio na sua frente e anote a hora. Depois de ter dado uma olhada no plano da parte a ser vencida, comece a estudar. A cada cinco minutos, anote na margem o tempo utilizado: cinco minutos, dez minutos, quinze minutos, vinte minutos, até quarenta ou quarenta e cinco minutos no máximo.

No dia seguinte, tente relembrar as informações. Se você memorizou eficazmente até quinze minutos, sua capacidade de assimilação é de quinze minutos, para a matéria em questão, evidentemente, e no estágio em que você se encontra. Com efeito, essa capacidade varia de acordo com as disciplinas e, além do mais, sempre é suscetível de aperfeiçoamento. Ao fixar como objetivo melhorar sua marca, você dispõe de uma motivação suplementar.

1.3
Passar seus conhecimentos em revista

Antes de iniciar o estudo propriamente dito, o terceiro procedimento consiste em fazer rapidamente um levantamento da situação. Habituar-se a mobilizar os conhecimentos antes de toda aprendizagem permite:
– **despertar sua curiosidade** e aguçar sua atenção graças a uma atitude mental ativa;
– **tranqüilizar** seu sistema límbico mostrando a ele que as noções a serem adquiridas não estão tão distantes do que você sabe, e que você já está um pouco familiarizado com a questão;
– preparar-se para uma **integração real** dos novos conhecimentos. A memória, voltaremos a isso mais adiante, retém melhor quando pode estabelecer vínculos entre o que ela registrou anteriormente e o que ela descobre: ela funciona por ressonância com as recordações anteriores.

> **Como proceder?**
> Anote rapidamente ou recapitule mentalmente o que lhe vem à cabeça sobre o assunto, seus conhecimentos anteriores. É muito difícil que você não saiba nada. Pense no que você leu, viu, ouviu: você constatará que memorizou muito mais informações do que pensava.

2. COMO APREENDER A INFORMAÇÃO: A LEITURA APROFUNDADA

A memória retém apenas o que ela compreende. Não há memorização eficaz sem compreensão. É por isso que uma leitura aprofundada é a base de todo estudo. Para efetuá-la, inspire-se no seguinte itinerário[3]:

Sobrevoe

Explore os títulos, os subtítulos, a numeração, a disposição material do texto (capítulo, aula, verbete de enciclopédia).
Localize as palavras evidenciadas pela tipografia.

Questione

Enuncie suas expectativas, liste as questões a que o texto poderia responder.

---

3. Se você desejar mais informações sobre leitura e anotações, poderá consultar o livro *Leitura e anotações: gestão mental e aquisição de métodos de trabalho*. Nele você também encontrará numerosos exercícios e suas soluções.

Leia

Leia com intenção de recuperar o conteúdo. Em um primeiro momento, inteire-se da totalidade da passagem sem se deter nos pontos difíceis. Se necessário, você voltará a eles mais tarde.

Identifique as grandes partes

Para isso, apóie-se na fotografia de conjunto obtida por ocasião do sobrevôo: títulos, subtítulos, numeração, divisão dos parágrafos. Com freqüência, um parágrafo corresponde a uma parte (ver p. 142).

Detecte as palavras-chave

As palavras-chave são as palavras portadoras do sentido principal, as palavras indispensáveis para compreender e reter a mensagem (ver exemplo na p. 30).

Detecte os conectores de articulação

Os conectores de articulação organizam as idéias, indicam as relações entre os diferentes elementos do texto: "assim, portanto, no entanto" etc. (ver quadro na p. 145).

Evoque

Deixando o texto de lado, tente recuperar o que você leu em sua gestão mental preferencial. Você é sobretudo auditivo (cérebro esquerdo predominante)? Reformule o texto com suas próprias palavras. Você é sobretudo visual (cérebro direito predominante)? Reveja o texto em sua mente, faça-o desfilar como uma série de *slides*.
Seja qual for o procedimento utilizado, essa evocação mental é indispensável. Ela permite que você se aproprie do texto. Revela sua taxa de compreensão, de retenção. Se você se habituar a colocá-la em prática, rapidamente ela dará resultados espetaculares.
Você também pode duplicar a evocação auditiva por uma evocação visual: a memorização será facilitada.

Verifique

Volte ao texto para verificação: se necessário, compare, retifique, complete.

3. COMO CANALIZAR A INFORMAÇÃO: AS ANOTAÇÕES

As anotações têm um papel essencial na apropriação dos conhecimentos. A observação de estudantes mostra que aqueles que anotam obtêm melhores resultados que os que apenas lêem. Quanto mais a informação é trabalhada, mais ela é assimilada. Depois de detalhar as técnicas básicas de fazer anotações, apresentarei dois métodos diferentes quanto à sua concepção. Você poderá, então, escolher o que melhor lhe convém em função de seu estilo de aprendizagem.

**3.1
As técnicas**

Você fará anotações depressa e bem recorrendo a três técnicas: T.A.S.

- T: escreva em estilo **T**elegráfico
Anote somente as palavras-chave.
Exemplo: "A Antártida possui múltiplos recursos" = "Antártida múltiplos recursos".

- A: utilize **A**breviações
Abrevie algumas palavras, as que são utilizadas com mais freqüência na língua, seja qual for o assunto.
Exemplo: também = tb. ou tbém; muito = mt.; isto é = i.e.; por exemplo = p.ex.; problema = probl. etc.
Empregue também abreviações circunstanciais: I.M. para Idade Média, L para liberdade etc.

- S: empregue **S**inais ou símbolos
Todos os sinais ou símbolos inspirados na matemática são de grande valia. Constitua um código pessoal, sempre o mesmo.

Exemplo:

+ mais — menos
= igual ≠ diferente
≈ aproximadamente → até
→→→ conseqüência ↗ aumenta etc.

3.2
As anotações estruturadas

Depois de ter feito uma leitura aprofundada, você poderá prolongar o itinerário por meio das seguintes operações[4]:

- Redija uma ou duas frases que exprimam as idéias de cada parte.

- Transforme essas idéias em títulos.
As idéias principais serão transformadas em títulos; as idéias complementares, em subtítulos. Esse procedimento, denominado nominalização, leva a condensar, a sintetizar a informação.

---
4. Com um pouco de prática, você poderá realizar essas operações sem passar pela detecção de palavras-chave e de conectores de articulação, ainda mais se o cérebro direito predominar em você.

- Estabeleça o plano. Escreva títulos e subtítulos a fim de obter um plano que valorize as relações entre os diversos elementos. Entre os títulos e os subtítulos, anote o conector de articulação apropriado transcrevendo-o por um sinal. Esse plano constitui o esqueleto das anotações. Se achar necessário, você terá apenas de, no interior desse plano, anotar brevemente as informações que não estão contidas nos títulos nem nos subtítulos. Com freqüência, o simples plano bastará.

Exemplo de anotação estruturada

Para o estadista, a guerra é antes de mais nada a solução mais fácil. Quando a situação interna fica confusa e se agrava, nada mais eficaz do que declarar uma guerra para que ela melhore. A guerra dispensa de procurar obter compromissos trabalhosos, de equilibrar interesses divergentes. Poder-se-ia dizer, paradoxalmente, que a guerra é o fim das contendas: combate-se, com freqüência, por horror à discussão.

A guerra é o sossego dos governos. Mesmo quando são democráticos, ela lhes permite impor o silêncio, a submissão, a obediência passiva, privações múltiplas aos cidadãos, transformados pela situação em súditos. As eleições são suspensas e os chefes tornam-se inamovíveis.

G. Bouthol, *La guerre*, col. "Que sais-je?", Presses universitaires de France, 1983.

Memorizar \ 31

As palavras sublinhadas são palavras-chave. Pode ser que você destaque outras, mais "significativas" para você.

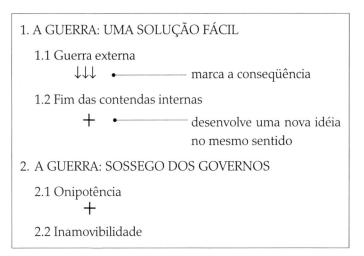

**3.3
O esquema heurístico**

O método precedente segue a ordem linear do texto. O esquema heurístico[5] é muito diferente. Consiste em situar o tema principal no centro e deixar as idéias se ramificarem a partir desse tema. Dispõem-se as idéias traduzidas por palavras-chave sobre linhas que, por sua vez, são ligadas a outras linhas[6].

....
  5. A heurística é a ciência das técnicas e dos métodos de invenção, do grego *heúreka*, "encontrei".
  6. Você encontrará exemplos de esquemas heurísticos no fim dos capítulos 1, 2, 3 e 4.

32 \ Como se preparar para um exame

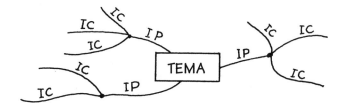

IP = idéia principal
IC = idéia complementar

A importância relativa das idéias aparece claramente: as idéias principais estão perto do centro; as idéias complementares, na periferia. Cores, formas geométricas ou mais fantasiosas podem ser utilizadas para determinar as grandes zonas do esquema, cada uma correspondendo a uma parte do texto. Os vínculos entre as idéias que figuram em vários lugares são assinalados por flechas.

Esse método permite uma mobilização de todo o cérebro, visto que solicita o hemisfério esquerdo pelas palavras, e o hemisfério direito pela disposição espacial. Ele também favorece a memorização, por duas razões. De um lado, a proximidade dos conceitos torna mais fáceis os vínculos. Ora, a memória procede por associações. De outro lado, cada esquema é diferente dos outros: a visualização constitui um modo suplementar de recordação.

É verdade que no início o esquema heurístico sempre surpreende. No entanto, a cada ano, encontro estudantes para quem esse tipo de anotação constitui, segundo seus próprios termos, uma "revelação". Experimente-o, nem que seja apenas uma vez. Vários capítulos acabam com um esquema heurístico; você poderá, então, se familiarizar com esse tipo de anotação. Se o livro é seu, não hesite em circular e sobrelinhar com diferentes cores.

4. COMO REGISTRAR: A FASE DE APRENDIZAGEM

4.1
Primeiro, compreender

Um texto bem compreendido já é meio caminho para um texto memorizado. Nesse sentido, leitura aprofundada e síntese pessoal sob forma de anotação são pré-requisitos indispensáveis.

4.2
Estruturar

Quais foram os resultados da experiência n.º 1? Com certeza você deve ter se lembrado de mais palavras da série 2. Por quê? As palavras da série 1 pertencem a campos diversos, as da série 2 pertencem a duas grandes categorias: instrumentos musicais e diferentes tipos de escritos. Isso significa que, quando a memória recebe as informações, ela não as acumula às cegas, ela tem necessidade de organizar, de estruturar. **A busca de um sentido é inerente ao espírito humano.** Além disso, você deve ter anotado as palavras da série 2 não na ordem inicial, mas agrupando-as por temas. Inconscientemente, você procurou o modo de memorização mais eficaz.

É verdade que a memória retém com mais facilidade conjuntos organizados do que coisas disparatadas. Além do mais, se os dados não se integram em uma arquitetura coerente, teremos uma impressão desencorajadora de acúmulo e de dispersão. É o que acontece com quem deixa tudo para a última hora e impõe à sua memória a ingurgitação desordenada das noções sem ter tempo de buscar a coerência que as subentende. Essa aprendizagem, vivenciada como desagradável, leva a resultados decepcionantes: o cérebro joga no esquecimento essas informações esparsas.

Como proceder?
Você compreenderá agora a razão pela qual, quando você estuda, é preferível examinar antes os **títulos**, os **intertítulos** dos livros ou das anotações. Você dispõe assim de um **plano** onde as informações podem ser inseridas. Passe em seguida do geral ao particular. Desça para os detalhes vinculando-os, situando-os novamente no esquema geral. Uma anotação tipograficamente hierarquizada constitui uma ajuda preciosa.
Se a estrutura permitir um **melhor aprendizado**, ela permitirá também uma **melhor memorização**. Assim como os livros em uma biblioteca, as informações são mais facilmente localizadas se estão classificadas.

4.3
Associar

Quais foram seus resultados na experiência n.º 2? Como você os explica?... Com certeza, seus resultados foram infinitamente melhores para a lista 2. Ao contrário da primeira, essa lista não é constituída por uma seqüência aleatória de palavras, mas segue um desenvolvimento lógico-cronológico (ainda que você possa tomar o café da manhã antes de tomar banho...) que lhe permite estabelecer uma ligação entre os elementos.

Abordamos aqui um ponto essencial. A imagem clássica da memória que se assemelharia a um gravador que registra todos os sons que lhe chegam é uma idéia errônea. Aprender não é um processo passivo que consiste, como se acreditou por muito tempo, em acumular as palavras e os escritos de outrem. O saber só pode se construir relacionando-se os conhecimentos preexistentes com o conhecimento novo.

Para integrar novas informações, e não somente reconstituí-las de cor por um curto tempo, é necessário vinculá-las ao que já conhecemos e entre elas. O cérebro procede essencialmente por **interconexões** e **inter-relações**. Por isso, memorizar uma informação de maneira eficaz é, desde sua apreensão, multiplicar seus vínculos com conceitos próximos. A recordação operar-se-á ainda melhor se a informação tiver sido "enganchada" em outras informações, integrada a uma rede.

Como proceder?
– Identifique as **analogias**: procure as semelhanças, estabeleça relações, paralelismos.
– Identifique os **contrastes**: procure as oposições, os contra-argumentos.
– A cada palavra nova, associe uma idéia.
– A cada termo geográfico ou anatômico, associe uma localização precisa e visualize-a.
– A cada data, associe um contexto cronológico, situe-a em relação a outros acontecimentos históricos.

**4.4
Explorar as diferentes formas de memória**

A memória é **multiforme**. A cada um dos cinco sentidos está ligada uma forma de memória: memória visual (visão), memória auditiva (audição), memória cinestésica ou motora (tato), memória gustativa (paladar), memória olfativa (olfato); recorde-se da madalena de Marcel Proust. No âmbito dos estudos, são as três primeiras memórias que intervêm essencialmente.

Enquanto existem zonas do cérebro especificamente dedicadas aos diferentes sentidos, não há nenhuma onde esteja localizada a memória. A memória não tem sede anatômica, ela está em toda parte. Portanto, seria mais exato falar de memórias e não da memória.

Em função do perfil cerebral dominante, cada um possui uma forma privilegiada de memória. Se você for sobretudo cérebro esquerdo, você reterá melhor as palavras do que as imagens; se você for sobretudo cérebro direito, será o contrário. Se é preferível que você parta de sua preferência mental, nem por isso negligencie os outros canais: você multiplicará as possibilidades de retenção. Recorra às diferentes memórias de modo que elas se apóiem e se completem (ver mais adiante). No momento da recordação, você disporá de várias vias para recuperar a informação.

Como proceder?
- Memória visual
— Fotografe mentalmente a disposição na página. Se você estuda a partir de anotações, faça de modo que a apresentação retenha seu olhar. Para isso, utilize os conselhos a propósito das anotações estruturadas (p. 30) e do esquema heurístico (p. 31).
— Examine as ilustrações: fotografias, mapas, esquemas etc.
— Ao final da leitura, reveja mentalmente o plano, as linhas gerais da aula.

- Memória auditiva
— Se você estiver diante de anotações feitas em uma aula a que você assistiu, evoque a voz do professor, suas entonações.
— Leia em voz alta os títulos, as fórmulas evocadoras, algumas palavras-chave e, eventualmente, o resumo (o do livro ou, melhor, o seu).
— Quando se tratar de um poema ou de uma peça de teatro, em que as sonoridades são importantes, estude-os em voz alta.

– Ao final da leitura, reorganize a aula com suas próprias palavras, reconstitua oralmente o raciocínio, questione-se.

– Quando tiver oportunidade, trabalhe em grupo e proceda a verificações mútuas.

É útil gravar em fitas cassete o que você tem de estudar e depois aprender escutando-as? Esse procedimento toma tempo: a velocidade para a fala é limitada (9.000 palavras por hora), mas não para a leitura visual (em média, 27.000 palavras por hora). Se você achar que um suporte material lhe será útil, grave unicamente o plano, no máximo uma breve síntese.

- Memória motora
– Escreva os nomes próprios, as palavras difíceis, as datas.
– Faça um esquema, um organograma: você estará solicitando simultaneamente a memória motora e a memória visual.

Para fazer todo o cérebro trabalhar, a melhor maneira consiste em **associar essas diferentes técnicas**: falar, recitar a si próprio, escrever, desenhar... **Passar de uma linguagem a outra**, do texto ao esquema, do esquema ao texto, mobilizando sucessivamente os dois hemisférios cerebrais, é uma garantia de assimilação duradoura.

4.5
Prever pausas

A memorização diminui à medida que o tempo passa. Por isso, mesmo que lhe pareça ainda estar em plena posse de seus meios, mesmo que lhe pareça que seu apetite de saber ainda é grande, é indispensável que você planeje pausas durante os períodos de estudo. Enquanto a compreensão pode se manter a um nível constante, esse não é o caso da memorização. A memória apresenta uma particularidade: ela só é capaz de absorver o que ela pode classificar (ver p. 33). Cuidado com os congestionamentos! Se as informações chegam em demasia, elas ficam na fila e, às vezes, vão embora. O estudo árduo por três horas a fio, prática difundida porque muitos estudantes desconhecem o funcionamento da memória, é ineficaz.

A duração ideal de uma seqüência de estudos é da ordem de **vinte a quarenta e cinco minutos** (ver na p. 23 como calcular sua capacidade de assimilação). Se fosse mais curta, você não teria tempo de apreender o todo, teria uma sensação de dispersão; se fosse mais longa, a saturação estaria à sua espreita. Faça com que as pausas (de, no mínimo, dez minutos) sejam realmente momentos de *relaxamento*. Tire os olhos das aulas: ouça um disco, telefone, faça um lanche rápido, faça alguns movimentos de ginástica, respire profundamente duas ou três vezes, ou relaxe (ver p. 87).

O que acontece, realmente, durante as pausas? O cérebro opera um trabalho de decantação, estruturação, associação dos novos conhecimentos com os conhecimentos anteriores, o que permite uma melhor integração. Quanto ao corpo, ele pode relaxar:

desse modo, você evita o acúmulo de tensão sempre prejudicial ao estudo e ao... equilíbrio psíquico.

4.6
Neutralizar os efeitos perversos

Retome as palavras memorizadas da lista 1 da experiência n.º 2. Qual é a localização dessas palavras? Que particularidades elas apresentam? É provável que você tenha retido os termos que figuram no início e no final da lista. Além disso, sem dúvida você deve ter retido na memória "hipoalergênico", palavra cuja consonância e morfologia diferem das outras, e "conjunto", que aparece duas vezes.

O que deduzir disso? A menos que uma dificuldade particular intervenha, a memória retém melhor:
– os **elementos que se situam no início e no fim** do estudo; cuide, então, para colocar o meio em evidência a fim de atenuar o efeito de posicionamento;
– os **elementos marcantes**;
– os **elementos que se repetem**.

4.7
Testar-se

Ao final da seqüência de estudo, **simule uma prova** escrita ou oral. Desse modo, você verificará o registro dos dados. Em seguida, verifique a exatidão deles, complete as lacunas. Conhecer seu nível de desempenho e fixar como objetivo a melhora desse nível é estimulante e conduz a resultados superiores.

5. COMO RETER: AS FASES DE REATIVAÇÃO

Examine a curva de retenção. Como você vê, a memorização aumenta um pouco bem depois do estudo, depois diminui rapidamente. No dia seguinte, 80% dos detalhes são esquecidos.

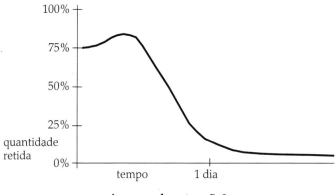

A curva de retenção[7]

Felizmente, o que parecia ter desaparecido na realidade está apenas escondido, e é rapidamente recuperado assim que voltamos a ele.

....
7. T. Buzan, *Une tête bien faite: exploitez vos ressources intellectuelles*, ed. d'Organisation.

O psicólogo Charles Furst compara a memória à encosta de uma colina. Na primeira chuva, a água corre e aparentemente não deixa vestígios. Contudo, a segunda chuva faz o mesmo trajeto e começa a abrir um rego. As chuvas posteriores marcarão cada vez mais a passagem. Também as informações devem utilizar várias vezes as mesmas vias para que o caminho neuronal se fixe. É o propósito das revisões. A cada revisão, constata-se que:
– o aprendizado é mais rápido;
– o esquecimento é mais lento e menor.

Como proceder?
De acordo com a dificuldade da matéria e com seu interesse por ela, quatro a seis revisões são necessárias para gravar os conhecimentos na memória de longo prazo. Próximas por ocasião do primeiro estudo, elas serão em seguida mais espaçadas à medida que, com a diminuição do esquecimento, o período de domínio completo se prolonga.
Para consolidar eficazmente as recordações, é aconselhável prever **seqüências de reativação** de acordo com o seguinte ritmo:
– Dez minutos depois do primeiro período de estudos, por exemplo ao final de uma pausa. Antes de prosseguir seu estudo, faça uma rápida revisão do que você estudou anteriormente percorrendo suas anotações. Essa técnica permitirá, além do mais, associar as informações entre elas e dar uma coerência ao conjunto.
– Ao final do primeiro dia.

– Durante a primeira semana.
– Durante o primeiro mês.
– Durante seis meses.

É particularmente importante fazer uma revisão geral ao fim do primeiro dia para deixar ao cérebro a possibilidade de agir à noite. O sono se decompõe em uma sucessão de ciclos de cerca de noventa minutos. Um ciclo comporta duas fases principais: sono profundo e sono paradoxal, tempo durante o qual sonhamos. Ao longo desse sono paradoxal, as células cerebrais consolidam o aprendizado efetuando um trabalho de classificação e de estruturação dos conhecimentos adquiridos durante o dia. Nós nos reprogramamos, nos autoverificamos. Essa atividade subconsciente desempenha uma função muito importante na aprendizagem.

A idéia de estudar várias vezes a mesma coisa talvez o deixe perplexo. Tranqüilize-se. De um lado, o que foi objeto de memorização é fixado novamente mais rápido. Se a primeira reativação lhe toma dez minutos, a segunda lhe tomará de 5 a 6 minutos etc. De outro lado, quando for fazer revisões, não é o caso de reler toda a aula, todo o capítulo... mas de rever rapidamente suas anotações. É por isso que fazer anotações concentrando um máximo de informações em um mínimo de espaço é o mais indicado. Se você prefere anotações mais densas, percorra apenas os títulos e subtítulos.

Seja como for, **sem reativação a memória não pode desempenhar sua função**. Algumas pessoas estão persuadidas de que não possuem memória. Na realidade, nada disso é verdade. Essas pessoas simplesmente não sabem que uma única impressão é ineficaz. Uma vez que a memória funciona por associação, essa situação é ainda mais grave já que, quanto menos elementos houver na memória, menos os novos elementos poderão ser registrados. Ao passo que, inversamente, quanto mais você aprende, mais isso se torna fácil para você. Os novos saberes se somam ao núcleo dos conhecimentos anteriores. Esse fenômeno assemelha-se à formação de uma bola de neve: quanto mais ela rola, mais aumenta.

Para memorizar o vocabulário de uma língua estrangeira, você pode prever seis espaços para cada página de seu fichário ou caderneta em que anota as palavras novas. A cada revisão, assinale um espaço. Você constatará, na quinta ou na sexta reativação, que sabe essas palavras tão bem quanto seu número de telefone; elas estarão gravadas em sua memória.

6. COMO RECUPERAR O QUE FOI APRENDIDO: A RECORDAÇÃO

A terceira fase do processo de memorização, a mais importante em qualquer hipótese, é a recordação. A eficácia da recordação está diretamente ligada às duas primeiras fases: o aprendizado e a armazenagem. Conhecimentos associados aos conhecimentos anteriores, estruturados, registrados ativamente por vários canais (visual, auditivo, gestual) e reativados várias vezes são conhecimentos que você recuperará com facilidade.

Para facilitar a reconstituição dos dados, reviva mentalmente sua aprendizagem. Como?

– **Evoque seus suportes**: reveja, em forma de imagens, o plano, os títulos, os intertítulos, as palavras evidenciadas pela tipografia.

– **Evoque a voz** do professor, as questões e as respostas que você se formulou, as palavras que chamaram sua atenção.
– **Evoque os gestos** do professor, os seus, esboce um esquema...

É muito provável que as informações surjam por seu canal preferido mas, caso isso não ocorra, os outros canais estarão à sua disposição. O capítulo 5 lhe apresentará dois procedimentos para mobilizar seus conhecimentos, para buscar idéias para um trabalho em que a parcela de iniciativa, até mesmo de imaginação, seja mais importante (por exemplo, uma dissertação).

7. OS PROCEDIMENTOS MNEMOTÉCNICOS

Os procedimentos mnemotécnicos são muito antigos. Durante muito tempo eles foram desprezados no âmbito escolar mas, atualmente, começam a ser ensinados em algumas escolas ou universidades.

Tudo o que você viu aqui até agora, particularmente as conclusões das duas experiências propostas, pode permitir que você encontre o princípio desses procedimentos. Todos se fundamentam, prioritariamente, nas **associações** e no **estabelecimento de relações**. Quando o material a ser memorizado (lista de palavras isoladas, nomes próprios, regra ortográfica) não possui lógica interna, ou seja, não possui vínculos, a mnemotecnia cria uma lógica externa ao integrá-los em uma frase. Ela atribui um sentido aos elementos a serem memorizados, contextualizando-os.

Exemplos:
– "O seu seio tem pontas" e "Foi Clóvis Bornay quem incendiou Atenas" permitem a recordação dos elementos dos grupos 6A (O – oxigênio; S – enxofre; Se – selênio; Te – telúrio; Po – polônio) e 7A (F – flúor; Cl – cloro; Br – bromo; I – iodo; At – ástato) da tabela periódica (elementos que têm, respectivamente, 6 e 7 elétrons na última camada).
– "Paroxítona rouxinol" ajuda a lembrar que devem ser acentuados os vocábulos paroxítonos terminados em -r, -x, -n, -l.

Além da associatividade, os meios mnemotécnicos se apóiam em *imagens*: transformar em algo concreto o que é abstrato; ou nas sonoridades: ritmo, consonâncias. Quanto mais essas imagens e sonoridades são agradáveis ou despropositadas, mais facilmente elas são retidas. De fato, nesse caso, elas fazem agir não somente o cérebro direito e/ou o esquerdo mas também o cérebro límbico, domínio da afetividade. Esses procedimentos são amplamente utilizados na publicidade.

Dos métodos existentes, eu reteria apenas dois, mais fáceis de colocar em prática: o método das sílabas e o método das iniciais. Os outros métodos, como o das palavras-rimas[8] ou o dos locais[9], criam uma codificação artificial, que acaba parecendo mais difícil de ser memorizada do que as próprias palavras.

- **Método das sílabas iniciais**
Esse método é conveniente para palavras que devem ser memorizadas em determinada ordem. Você pega as primeiras sílabas das palavras a serem registradas e constrói uma frase. Desse modo, os níveis de classificação dos seres vivos (reino, filo, classe, ordem, família, gênero e espécie) podem ser facilmente memorizados graças à frase "O *Rei filó*sofo *class*ifica de *ord*inária a *família* dos *gener*ais *esp*artanos".

- **Método das iniciais**
Você poderá recorrer a esse método quando as palavras devem ser lembradas em determinada ordem. Trata-se de memorizar tomando a primeira letra de cada palavra. É o que propus para que você retivesse as três técnicas básicas de fazer anotações: T.A.S. (ver p. 28) e as quatro etapas que permitem analisar um tema: T.L.P.D. (ver p. 94).

....
8. Trata-se de associar as palavras a serem memorizadas (por exemplo: mesa, carro etc.) a uma lista, sempre a mesma, numerada de 1 a 10: 1 (um) = desjejum (aprecie a rima), 2 (dois) = bois... Para estudar e se lembrar das palavras, você evoca uma mesa de desjejum, um carro de bois...

9. Cada palavra a ser memorizada deve, no momento de sua entrada na memória, estar situada em um local: o pão no elevador, o sal na calçada etc.

Esses procedimentos podem ajudar, mas sua utilização deve ser limitada, senão você sobrecarrega sua memória em vez de aliviá-la. Desconfie dos livros que lhe prometem uma memória a toda prova apoiando-se unicamente nesses meios.

TREINAMENTO

EXERCÍCIOS 1 E 2

Objetivo: saber manejar diferentes tipos de anotações.

Exercício 1

1. Leia o texto seguindo o itinerário de leitura aprofundada.
2. Faça uma anotação estruturada e um esquema heurístico.

UM EQUILÍBRIO FRÁGIL
O homem sempre modificou a natureza para torná-la mais produtiva. Enquanto ele não possuía máquinas aperfeiçoadas, seu poder permanecia limitado. Atualmente já não é assim. O homem pode mudar em alguns dias uma paisagem que demorou milênios para se formar. Suas intervenções levam, às vezes, a resultados desastrosos. Os exemplos seguintes são prova disso.

As sebes e os taludes eram inúmeros nas regiões de bosque; por isso, as propriedades eram demasiado pequenas e os agricultores não podiam explorá-las com instrumentos modernos. Sebes e taludes foram, então, amplamente destruídos.

Ora, as sebes e os taludes apresentavam vantagens. Em primeiro lugar, tinham a função de quebra-vento; experiências demonstraram que, com uma densidade correta, eles levavam a aumentos de produção da ordem de 15%. Além disso, constituem um abrigo para o rebanho. Servem também de refúgio para numerosos animais, cobras, doninhas, aves de rapina etc. que são extremamente úteis, pois impedem a multiplicação dos animais realmente nocivos, como os roedores e alguns insetos. O papel benéfico das aves de rapina, em particular, é muito superior aos danos que algumas delas causam aos animais de caça; além disso, atacam, em primeiro lugar, os animais doentes, impedindo a propagação das doenças. São protegidas por lei.

Ademais, as sebes e os taludes retêm o excesso de água e mantêm a umidade em épocas de seca. Impedem a erosão. Por isso, quando um terreno é um pouco acidentado, é preciso ser particularmente prudente ao considerar a supressão das sebes e dos taludes.

[...]

Extraído de *Demain nous voulons vivre: nature, santé, cadre de vie*, dossiê sobre o entorno, editado pela prefeitura da região do Loire e pela universidade de Nantes, dezembro de 1970.

Guarde suas duas anotações. Duas ou três semanas após o exercício, pegue-as novamente e tente recuperar o conteúdo do texto. Segundo os resultados obtidos com os dois métodos, você ficará sabendo qual deles é o que melhor lhe convém.

Exercício 2

Faça anotações do tipo de sua escolha para cada capítulo ou parte de capítulo deste livro.

Exercício 3

Objetivo: testar sua capacidade de memorização.

Tente, a partir do que você leu neste capítulo, recuperar as grandes leis da memória.

A bola é sua: cabe a você colocar em prática, **a partir de hoje**, os princípios descobertos para adquirir conhecimentos nas áreas que lhe concernem.

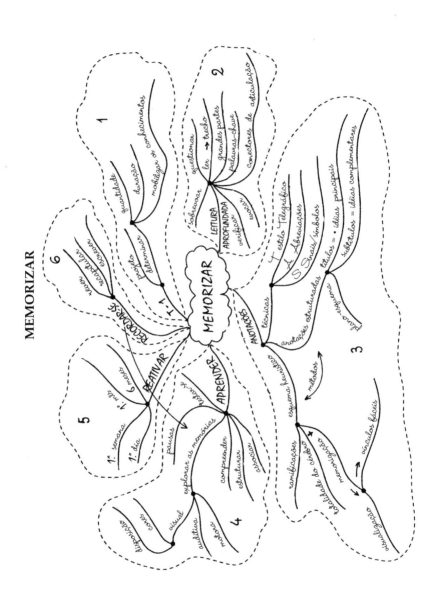

3. Tirar partido de uma aula

Durante os estudos, as principais fontes de informação, além das leituras, são as aulas. Para adquirir conhecimentos a partir de uma aula ou, de modo mais geral, de uma comunicação oral (exposição, debate, conferência), não basta estar presente fisicamente. É preciso **captar as informações por uma escuta ativa** e, em seguida, **estruturá-las** de maneira que possam ser assimiladas mais facilmente. Este capítulo lhe permitirá se sair bem nessas atividades.

1. ESCUTAR NÃO É OUVIR

Tirar partido de uma aula pressupõe, antes de tudo, saber escutar. Ora, escutar não é ouvir. Você ouve os barulhos da rua mas, quando está esperando alguém, escuta o rangido da porta; você ouve as conversas ao seu redor na lanchonete, mas escuta a voz de um(a) amigo(a) que lhe telefona. Em um caso, você é passivo; no outro, ativo. Ouvir envolve apenas os circuitos da orelha, escutar mobiliza todo o cérebro.

Diferentes estudos demonstraram que a capacidade de escuta tendia a diminuir entre a infância e a idade adulta: 90% entre 5 e 7 anos, 44% aos 14 anos, 28% a partir dos 17 anos. Duas razões, entre outras, podem explicar essa diminuição progressiva da escuta. No início de sua escolaridade, as crianças estão acabando de sair de seu período de egocentrismo, têm vontade de escutar o professor, ainda mais que, por não saberem ler, a aquisição de conhecimentos se faz essencialmente por esse canal.

Essa diminuição da escuta não é, contudo, irreversível. Os conselhos seguintes o ajudarão a ser um melhor ouvinte.

2. COMO MELHORAR A QUALIDADE DE ESCUTA

A escuta é uma atividade voluntária. Além de depender de algumas atitudes físicas próprias para facilitá-la, ela depende antes de tudo de nossas atitudes mentais.

2.1
Atitudes físicas

As pesquisas efetuadas no domínio da escuta evidenciaram que era preferível ter o professor ou o conferencista à sua direita a tê-lo à sua esquerda e, sobretudo, orientar seu corpo para vê-lo de frente. No caso de um anfiteatro lotado, tente chegar suficientemente adiantado para escolher seu lugar.

De qualquer forma, é sempre mais fácil compreender uma aula ou uma comunicação oral quando se pode *ver o orador*. Com efeito, nesse caso, a mensagem é transmitida não apenas pelas palavras mas também pelos gestos, pela atitude. Ela mobiliza, portanto, o cérebro esquerdo *e* o cérebro direito. Além disso, essa é uma técnica eficaz para evitar a divagação.

2.2
Atitudes mentais

A *motivação*

A chave da escuta reside no interesse que você tem pelo que está sendo dito. É necessário desenvolver sua motivação em relação à matéria ministrada na aula evidenciando os motivos para considerá-la importante, particularmente se ela não lhe parece atraente.

Pense em:
- relacionar a área em questão a suas futuras atividades profissionais;
- procurar em que essa área é importante para seu curso;

– despertar sua curiosidade intelectual questionando-se sobre o assunto;
– voltar de tempos em tempos ao que você aprendeu: seus progressos o encorajarão;
– fixar-se em objetivos precisos, como desafios a serem superados: eles o estimularão.

A atenção

O desenrolar de uma aula se opera linearmente, na ordem prevista pelo professor. Você não pode recuar como quando está diante de um texto. A mensagem oral é fugaz. Por isso, a faculdade de concentração é ainda mais importante na escuta do que na leitura.

A faculdade de concentração varia conforme os indivíduos e as disciplinas; ela também depende da forma da aula: pedagogia mais ou menos dinâmica, personalidade do professor, utilização de suportes visuais... Em todo caso, você pode aumentar seu nível de vigilância. Os conselhos seguintes e os exercícios da p. 65 lhe darão essa possibilidade.

Como favorecer a atenção?
Com certeza, não é impacientando-se e franzindo a sobrancelha. A única verdadeira lei da atenção consiste em escutar com a **intenção de recuperar o conteúdo** do que foi formulado.

> Para se sentir envolvido, tente antecipar a aula em vez de segui-la (seguir é já estar atrás...), aproveite todas as ocasiões para **participar** ativamente: responda às questões, faça perguntas.

As anotações

As anotações contribuem para uma escuta melhor e para uma atenção mais vigilante. De fato, sabendo que você terá de fazer anotações e, em seguida, utilizar o que registrou, você tomará cuidado para não perder o fio, para apreender a mensagem.

É por isso que, mesmo que você disponha de uma fotocópia da aula, é preferível fazer anotações. Essa atividade é não somente uma garantia de atenção mas também de memorização. Ela obriga a desbastar para selecionar o essencial, portanto a trabalhar a informação. Recorde-se da experiência relatada na p. 27: uma informação trabalhada é em parte assimilada.

3. ANTES DA AULA

Para estar em condições de assistir eficazmente à aula, esteja preparado intelectual e materialmente.

3.1
Antecipe

A aquisição de conhecimentos a partir de uma mensagem oral é facilitada quando o ouvinte está à frente da informação. Visando a isso, você pode, antes da aula:
– informar-se sobre o assunto; por exemplo, percorrendo a parte da fotocópia ou o capítulo do livro referentes a ele;
– rever rapidamente a aula anterior para apreender o geral e reavivar sua memória;
– passar em revista o que você sabe ou acha que sabe sobre o que será abordado;
– prever as questões às quais a aula poderá responder.

Desse modo, você estará preparado para uma escuta ativa e para fazer anotações com mais facilidade.

3.2
Organize a disposição na página

No alto da folha que constituirá a primeira página, escreva a data, o assunto e, no caso de uma conferência, o nome do conferencista; se você não possuir todas essas informações, preveja um lugar para acrescentá-las oportunamente. Você também pode deixar um espaço para mencionar em algumas palavras um ou dois elementos que lhe permitirão associar a sessão a um contexto: um fato marcante ocorrido antes da aula (um telefonema, um encontro ou um espetáculo inesperado), durante a aula (uma risada incontrolável, um lapso do professor), ou simplesmente seu humor naquele dia. Quando pegar novamente suas anotações, você reviverá mentalmente a situação: a memorização delas será melhor.

Para facilitar a estruturação posterior de suas anotações, será judicioso dividir suas folhas em várias zonas.

	Zona 1
Zona 3	Zona 2
	Zona 4

Você atribuirá uma função específica a cada zona, por exemplo:
– zona 1 = referências (na primeira folha: assunto, data e professor; nas outras folhas: número da página);
– zona 2 = anotações de aula;
– zona 3 = títulos ou frases de síntese, até mesmo palavras-chave;
– zona 4 = reflexões pessoais, complemento de informações ou anotações sintéticas (títulos e sub-

títulos para as anotações estruturadas, esquema heurístico). Mesmo que você não adote a divisão em zonas, deixe margens bem grandes. Não hesite em arejar para evitar a asfixia...

4. DURANTE A AULA

Você viu que fazer anotações contribui para uma escuta eficaz; além disso, essa "memória de papel" constitui, cada vez mais, o único meio de recuperar a informação. As técnicas apresentadas no capítulo 2, referentes às anotações a partir de um documento escrito, devem ser colocadas em prática nessa situação. No entanto, há, no discurso oral, algumas especificidades que necessitam de uma abordagem particular.

4.1
Seja rápido

Uma pessoa pronuncia, em média, 9.000 palavras por hora; você pode escrever apenas de 1.200 a 2.400. Mais do que nunca, utilize abreviações. Adote, assim que o assunto da aula for definido ou redefinido pelo professor, algumas abreviações especialmente escolhidas para a circunstância.

4.2
Seja seletivo

Mesmo recorrendo a abreviações, é impossível anotar tudo; impossível e também inútil, até mesmo prejudicial, pois, em vez de ser ativo com a intenção de captar o essencial, você teria apenas que copiar de maneira mecânica, sem fazer intervir sua inteligência.

Como discernir o essencial?
É verdade que os procedimentos de destaque utilizados na escrita (tipografia, cores) não existem no oral. Mas outros sinais verbais e não verbais[1] permitem identificar os elementos-chave.

Assim, para assinalar as **passagens estratégicas**, o locutor fala mais devagar, aumenta a voz, reforça a informação com um gesto ou com um trejeito, marca uma pausa, reforça a demonstração oral com uma demonstração visual (escrevendo, mostrando um *slide*, uma transparência...).

Além disso, as redundâncias, ou seja, a repetição de uma informação dada anteriormente de outra forma, já presentes na escrita, são inúmeras no oral. Um orador experiente sabe que seus ouvintes precisam ter tempo para anotar, assimilar, e que, ao reformular as idéias principais, ele aumenta as chances de ser compreendido.

....
1. O não-verbal (gestos, atitudes, olhar) tem grande importância na mensagem oral. É por isso que gravar a aula em uma fita cassete achando que ela será estudada mais tarde não se revela uma tática proveitosa: já não se disporá senão da voz.

> Se alguma coisa lhe escapar, deixe um espaço: você completará mais tarde. Caso contrário, você corre o risco de perder completamente o fio.

4.3
Depreenda a estrutura

Escrita e oral empregam procedimentos diferentes para evidenciar a organização do discurso. Enquanto no texto escrito a disposição material (títulos, subtítulos, parágrafos...) revela, na primeira olhada, a estrutura do texto, o texto oral comporta outros pontos de referência.

No início da aula ou conferência, o expositor anuncia o plano e, às vezes, escreve-o na lousa. Ele também o retoma à medida que desenvolve sua exposição, e assinala a passagem de uma parte à outra com expressões do tipo:
– Abordemos o segundo aspecto...;
– Vimos..., veremos;
– Estudaremos agora...

Além disso, com freqüência o orador faz uma pausa antes de abordar uma nova parte.

Se você permanecer atento a esses indícios, para depreender a estrutura bastará saltar algumas linhas, no caso de anotações, ou, se você tiver escolhido o esquema heurístico, iniciar uma nova ramificação.

5. DEPOIS DA AULA

Anotações não revistas são rapidamente inutilizáveis. Essa revisão deve ser feita o quanto antes, enquanto suas lembranças ainda estão frescas.

5.1
Esclareça

– Indique o significado das abreviações se você não tiver tido tempo de fazer isso durante a aula.
– Complete as lacunas; em caso de dificuldade, você pode pedir informações complementares a outro aluno ou ao professor.
– Reescreva o que não estiver muito legível.
– Procure o significado das palavras pouco claras e a ortografia das palavras novas.
– Sublinhe, circule ou assinale com uma flecha os elementos-chave para destacar as idéias essenciais.

5.2
Hierarquize

Você deixou um espaço entre as diferentes partes. Atribua um título a cada uma e numere-as. Dessa maneira, você colocará em evidência a estrutura, elemento fundamental da edificação.

5.3
Sintetize

Prepare uma síntese pessoal, mais fácil de memorizar: resumo, anotações estruturadas ou alguma outra coisa... Nada o impede de realizar duas anotações diferentes quanto à concepção e à apresentação. A associação desses dois métodos solicita todo o cérebro: ela multiplica as chances de retenção.

Anotações estruturadas	Esquema heurístico	Anotações estruturadas
....		....

A dupla anotação

Você pode prever sistematicamente, em particular para as anotações que servem para a memorização, duas páginas, uma ao lado da outra, ou uma mesma folha dividida em duas zonas. Cada página ou zona deverá ser reservada a um dos procedimentos.

TREINAMENTO

PRIMEIRA SÉRIE

Objetivo: aumentar sua capacidade de concentração.

Exercício 1

1. Escolha um objeto. Examine-o dizendo-se que você terá de lembrar-se dele com precisão (sua forma, suas dimensões, sua textura, sua cor etc.). Fotografe-o mentalmente afastando qualquer outro pensamento.
2. Feche os olhos e descreva o objeto concentrando-se na imagem visual que você forjou dele.
3. Confronte sua representação mental com o objeto.

No início você sentirá dificuldade mas, pouco a pouco, a qualidade de sua evocação se tornará melhor: você recuperará cada vez mais detalhes e eles serão fiéis ao modelo.

Repita regularmente essa atividade partindo de objetos mais complexos (por exemplo, um quadro).

Exercício 2

Nos transportes coletivos, na sala de espera do dentista, na fila da lanchonete..., evoque uma lembrança agradável. Reviva mentalmente a situação do começo ao fim, sem se deixar perturbar pelo que estiver acontecendo a seu redor.

Exercício 3

Pense em determinado assunto por três minutos, marcados no relógio. Pense em seguida em outro assunto durante o mesmo tempo, depois em outro... Não ultrapasse cinco assuntos.

Você pode aproveitar esse exercício para passar em revista os assuntos abordados nas diferentes aulas a que você assistiu. Depois de alguns exercícios desse tipo, você terá mais facilidade para manter sua mente centrada em um tema e para se abstrair das solicitações externas.

Exercício 4

Esse exercício, mais difícil, consiste em separar um todo em seus elementos. Por exemplo, olhe um prédio concentrando-se sucessivamente em:
– sua forma;
– suas dimensões;
– a divisão em andares;
– as aberturas (portas, janelas...);
– os materiais: cimento, madeira, vidro...

Em seguida, realize a operação inversa: reconstitua o todo partindo dos elementos que você identificou.

Quando você tiver um pouco mais treinado, faça esse exercício desmembrando mentalmente uma página dupla de um livro documentário, e depois as reconstituindo.

Esses exercícios devem ser repetidos até que você consiga não se deixar invadir por idéias inoportunas.

Exercício 5

Seguem-se três parágrafos. Leia o primeiro e depois o cubra: encontre, entre as três reformulações propostas (a, b, c), a que é mais exata (sem necessariamente utilizar as mesmas palavras).

Se você tiver oportunidade de praticar essa atividade com outra pessoa, os parágrafos e suas reformulações poderão ser lidos, sucessivamente, por cada um de vocês. Assim, você exercitará sua capacidade de atenção *e* sua capacidade de escuta.

1. As principais causas de destruição das florestas tropicais são as plantações industriais, a criação extensiva de animais e a construção de estradas e barragens.

a. As principais causas da destruição das florestas são as plantações industriais, a criação extensiva de animais e a construção de estradas e barragens.
b. As florestas tropicais são destruídas pelo desmatamento em massa, pelas plantações industriais, pela criação extensiva de animais e pela construção de estradas e barragens.
c. As florestas tropicais estão ameaçadas pela construção de estradas e barragens, pela poluição e pela criação extensiva de animais.

2. A violência é um fenômeno próprio do século XX; essa é a impressão que se poderia deduzir da profusão de discursos e textos. Nascida na sociedade de grande consumo e das frustrações que ela engendrou, a violência seria acompanhada por seu corolário, o medo.

J. Savigneau, "La Violence", *Le Monde, Dossiers et Documents*, julho-agosto de 1979, n° 63, p. 1.

a. Os textos, assim como os discursos, enfatizam que a violência é uma das especificidades do século XX. Sua causa seria a sociedade de consumo e as frustrações que ela gera. A violência e seu corolário, o medo, pouco a pouco se alastrariam.
b. Foi no século XX que nasceu a violência. Os meios de comunicação dão, todos os dias, numerosos exemplos de agressões de todo tipo, gerando uma angústia constante nos leitores e ouvintes.

c. De acordo com os discursos e textos atuais, a violência e o medo estão presentes por toda parte. Essa situação é engendrada pela sociedade de consumo que gera nos jovens um sentimento de frustração.

3. Somando os assaltos à mão armada, os atos de terrorismo, os roubos de bolsas – decerto é possível momentaneamente afirmar que a violência tem aumentado há dez ou vinte e cinco anos. Mas, ao examinar um período mais longo – um século ou mais –, constata-se que a violência diminuiu. As ruas de Paris estão, tanto de dia como à noite, muito mais seguras do que no início do século. Nas estradas, temem-se mais os acidentes do que a abordagem de bandidos.

a. Se compararmos os perigos que ameaçavam os homens do século passado aos perigos que ameaçam os homens de hoje, perceberemos que eles diminuíram. As ruas, assim como as estradas, estão mais seguras porque são mais policiadas tanto de dia quanto à noite.
b. É verdade que os assaltos à mão armada, os atos de terrorismo e os roubos de bolsas são mais numerosos hoje do que há dez ou vinte e cinco anos. Mas, em comparação ao século passado, a violência diminuiu nas grandes cidades, onde os moradores têm coragem de sair à noite. Quanto às estradas, elas estão sujeitas aos acidentes decorrentes de uma circulação cada vez mais densa.
c. Somando as diversas agressões e os atos de terrorismo, é verdade que a violência tem aumentado há dez ou vinte e cinco anos. Mas, ao examinar o que acontecia no século passado, percebe-se que a violência está regredindo. As ruas de Paris estão mais seguras, tanto de dia como à noite; os motoristas têm mais medo dos acidentes do que dos bandidos.

SEGUNDA SÉRIE

Objetivo: desenvolver sua capacidade de escuta.

Exercício 1
Ao final de uma aula, reformule mentalmente as idéias essenciais abordadas pelo professor, evocando sua voz, suas entonações.

Exercício 2
Em um local de sua escolha, identifique os diferentes sons. Por exemplo, no campo, isole um após o outro: os cantos dos pássaros; os latidos; os automóveis ao longe na estrada; as máquinas agrícolas; o vento nas árvores... Repita o exercício em vários lugares diferentes. Cada vez, escute durante alguns instantes uma categoria de sons, fazendo abstração dos outros.

Exercício 3
Escute um disco tentando dissociar os diferentes instrumentos, as letras das músicas, o refrão.

TERCEIRA SÉRIE

Objetivo: fazer anotações durante a aula.

Instruções
Este é o início da transcrição integral de uma gravação feita durante uma aula. O texto é apresentado, pois, em um só bloco, sem parágrafo.
1. Sobrelinhe ou destaque as palavras que você anotaria se estivesse assistindo à aula, ou seja, as palavras indispensáveis para recuperar o conteúdo posteriormente.

2. Divida o texto em partes, separando-as com dois traços, e em parágrafos, separando-os com um traço (ou anote as palavras situadas nas extremidades).
3. Sobrelinhe com outra cor ou destaque as palavras ou expressões que lhe permitiram efetuar essa divisão.
4. Atribua títulos às partes e subtítulos aos parágrafos.
5. Assinale com um asterisco as redundâncias e as reformulações sintéticas que, recordemo-nos, aparecem com freqüência no oral.
6. Elabore as anotações de sua escolha.

Exercício 1

"Como eu havia dito na semana passada, hoje vamos abordar uma questão importante, a da leitura. A leitura é uma atividade que se encontra no cerne do estudo de vocês, no cerne de todo trabalho intelectual. Primeiramente, vamos estudar o processo de leitura, ou seja, estudar como o leitor constrói sentido a partir de sinais gráficos. Veremos em seguida o papel dos dois cérebros na leitura. Em terceiro lugar, passaremos às aplicações práticas: o que vocês podem fazer para aumentar seu potencial de leitura? Então, primeiro ponto, como se lê? Passado o estágio das primeiras aprendizagens, vocês lêem sem decomposição nem análise uma grande parte dos textos. Para ajudá-los a compreender o que acontece, leiam esta frase: 'Os índios se aproximavam dando seu grito de guerra, o caubói pegou seu...' Vocês podem ver que a última palavra está faltando, mas sem dúvida vocês devem ter completado essa frase sem hesitar. Em que palavras vocês pensaram?... Sim, 'colt, pistolete, revólver'. O que lhes deu essa indicação? Em primeiro lugar, o sentido, o contexto: o que precede preparou-os para esperar essas palavras e não 'lenço' ou 'dinheiro'! Por outro lado, o pronome possessivo masculino 'seu' os fez eliminar o substantivo feminino 'carabina' que, pelo sentido, poderia convir. Esse pronome possessivo também os levou a rejeitar algumas categorias de palavras: verbos, advérbios... O leitor francês espera, de fato, que a escrita se apresente segundo uma estrutura do tipo: depois de um sujeito, um verbo; depois de um artigo, um substantivo ou um adjetivo etc. A seqüência das palavras em uma frase também constitui, portanto, uma valiosa ajuda na elaboração do sentido. Em uma leitura normal, 'sem lacunas', outro indício intervém: antes de ter visto a palavra, vocês já perceberam sua 'silhueta': trata-se de uma palavra curta, de uma palavra com várias letras que ultrapassam a linha de cima. Todos esses indícios: indícios de sentido, indícios sintáticos, indícios organizacionais, indícios perceptivos lhes permitem prever o que virá em seguida. Eles levam vocês a operar uma escolha muito rápida, não consciente, que a leitura, na maioria das vezes, apenas confirma. O procedimento do leitor treinado é elaborado, de fato, em três momentos. Em um primeiro momento, a partir do título e da disposição nas páginas, o leitor formula suas primeiras hipóteses sobre o conteúdo do texto. Antes mesmo de o ler, seu espírito está preparado para encontrar esta ou aquela palavra e, desse modo, faz uma triagem entre os múltiplos termos possíveis. À medida que ele avança no texto e, mais ainda, na frase, a escolha se restringe. Em um segundo momento, o leitor verifica suas hipóteses pela leitura. Se ele estiver treinado para considerar todos os indícios de que dispõe, se for ao encontro das palavras, ele poderá se contentar em roçá-las: ele não terá necessidade de demorar-se nelas, sua leitura será facilitada. Em um terceiro momento, o leitor verifica suas hipóteses e sua leitura com o auxílio do sentido. Para validar a palavra lida é necessário, de um lado, que essa palavra caiba na frase e, de outro lado, que ela não esteja em contradição com os conhecimentos do leitor. Assim, a frase 'Um coelho com penas cintilantes atravessou o pátio da fazenda' é incompatível com o que sabemos desse animal e não pode ser aceita. Portanto, ler não consiste somente em identificar e associar letras, é fazer intervirem seus conhecimentos. Produz-se um constante movimento de vaivém entre o texto e o leitor, entre as informações visuais e não-visuais. No entanto, de acordo com seu perfil cerebral dominante, o leitor se apóia, prioritariamente, em um desses dois tipos de informação. Isso nos leva ao segundo ponto: o que cabe ao cérebro esquerdo e ao cérebro direito na leitura? O cérebro esquerdo decodifica as palavras, analisa minuciosamente o texto. O cérebro direito elabora hipóteses, vê o todo, as estruturas, e não os detalhes. O leitor que interpela essencialmente seu cérebro esquerdo se apóia sobretudo nos indícios visuais, lê palavra por palavra e praticamente não associa o que sabe ao que vê. Essa maneira de proceder pode levá-lo à inação, a um tipo de visão obscurecida: sua leitura não é nem um pouco fácil. O leitor cérebro direito elabora hipóteses a partir de uma quantidade limitada de indícios visuais, ele antecipa mas não verifica. Ele lê às cegas, às vezes confunde uma palavra com outra: sua leitura é pouco confiável. Um leitor só pode, de fato, ser eficaz se faz intervirem conjuntamente o cérebro esquerdo e o cérebro direito: desse modo, ele combina o que sabe e o que vê, mobiliza estratégias visuais e intelectuais. Em outros termos, o leitor cérebro esquerdo utiliza uma estratégia ascendente (do texto ao leitor); o leitor cérebro direito, uma estratégia descendente (do leitor ao texto); o leitor duplo cérebro, uma estratégia interativa (do texto ao leitor, do leitor ao texto). Ler melhor é pre-ver (em duas palavras) melhor e ver melhor. Para isso, é necessário exercitar suas capacidades intelectuais (antecipação, formulação de hipóteses) e suas capacidades perceptivas (visão precisa, panorâmica, ágil). Como? É o que vamos ver agora..."

74 \ *Como se preparar para um exame*

TIRAR PARTIDO DE UMA AULA

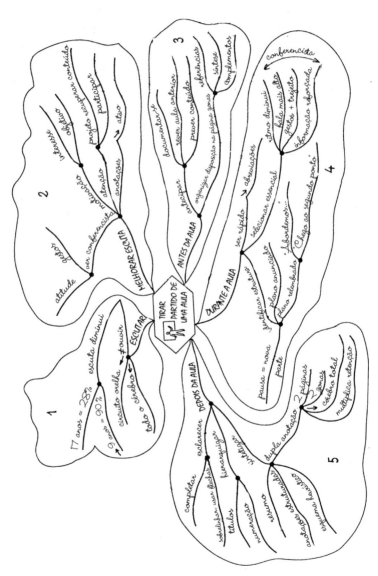

4. ORGANIZAR O TRABALHO

Você descobriu as leis que regem a memória e tomou consciência de suas possibilidades; agora, com conhecimento de causa, você pode elaborar um **programa de ação**. Este capítulo se propõe lhe dar algumas indicações complementares. Ele também lhe fornece os meios de tornar seu trabalho mais eficaz e de não se deixar invadir pelo cansaço, graças à utilização de **técnicas de respiração e de relaxamento**. A organização, como vimos, é importante uma vez que ela fornece pontos de referência ao cérebro límbico, inimigo do desconhecido. A função dela é guiar você e não encerrá-lo em uma obrigação rígida. Trata-se de balizar a pista para sempre saber em que ponto você está; você poderá então decidir, se aparecer a oportunidade, ir ao cinema, despreocupado, sabendo que a alteração do programa fixado não terá conseqüências graves. Caso contrário, as situações inesperadas e as distrações não previstas lhe causarão remorso. Sobrecarregado com uma tarefa cuja amplitude você não mediu, você sempre se sentirá desestabilizado, culpado, desorientado. Em suma, você tenderá a considerar uma formiga como uma montanha, ao passo que definir objetivos proporciona calma e confiança.

1. PREVISÃO ANUAL OU SEMESTRAL

Assim que você tiver em mãos os elementos necessários, administre seu tempo procedendo a um planejamento anual ou semestral, de acordo com a periodicidade dos exames.

– Determine o **volume de trabalho, matéria por matéria**. Ao final da segunda aula, você terá condições de avaliar o tempo a ser consagrado a cada disciplina: tempo para passar as anotações a limpo, exercícios a fazer, tarefas solicitadas (ficha de leitura, dossiê, exposição...).

– Determine sua **capacidade de assimilação** para as diferentes matérias (ver p. 23).

– Determine o **tempo** de que você dispõe para trabalhar em sua casa (x horas durante y semanas), deduzidas as atividades esportivas e o lazer.

– Preveja os momentos de **reativação**.

– Leve em consideração **o peso das matérias nos exames**. Seja estrategista: reserve suas forças para as matérias com maior peso.

– Planeje **tempo a mais** para os imprevistos (aula perdida, doença, dificuldade particular...).
– Divida seu trabalho em **várias etapas, com uma data de realização** para cada uma. Desse modo, você dividirá a dificuldade e manterá intacta sua motivação pelo registro regular de pequenas vitórias. A execução final lhe parecerá menos longínqua e mais acessível.

2. PREVISÃO SEMANAL

A semana é a unidade básica mais prática. Toda segunda-feira, faça um balanço. Verifique sua progressão e modifique seu plano de trabalho se sentir necessidade. Ademais, algumas semanas são mais carregadas que outras, principalmente quando os trabalhos dirigidos acontecem a cada quinze dias. Você reorganizará sua utilização do tempo em função desses dados.

3. PROGRAMA DE UM DIA SEM AULAS

Pode se tratar de dias regulares de liberdade ou de dias que precedem o período de exames.
Existem momentos mais propícios ao estudo? É habitual ouvir dizer que de manhã é o único horário em que se trabalha bem. Na realidade, não existe re-

gra estrita quanto a isso. Cabe a você encontrar o momento que mais lhe convém, seguindo seu **ritmo natural**. Você reservará esse momento às atividades exigentes. Se você for um madrugador, a manhã será o período mais favorável para você; se você for dos que dormem tarde, suas células cerebrais funcionarão eficazmente no fim do dia.

Além das preferências próprias a cada indivíduo há, entretanto, uma **lei biológica**. Pesquisas realizadas na Suécia e na Alemanha mostram que os desempenhos intelectuais são ótimos até meio-dia, em seguida declinam até as três ou quatro horas da tarde para aumentar novamente e chegar ao máximo entre cinco horas da tarde e nove, dez horas da noite. Essas flutuações de rendimento seriam independentes da alimentação e do ritmo de trabalho. Portanto, é preferível utilizar o início da tarde para classificar, passar a limpo e verificar as anotações, e para reler os trabalhos, ou seja, para atividades que não exijam uma grande concentração mental.

3.1
Duração das seqüências de trabalho

Qualquer que seja a atividade empreendida, evite trabalhar ininterruptamente. Programe pausas durante as quais você recuperará suas forças. Esses momentos de descanso são indispensáveis para evitar o acúmulo de tensão.

No entanto, a duração de uma seqüência de trabalho **depende da natureza da tarefa**. A compreensão pode se manter em um nível elevado por mais tempo que a memorização (ver p. 38). Conseqüentemente, quando for ler e fazer anotações com vistas à elaboração de um documento pessoal (dossiê, exposição...), você poderá prolongar sua atividade por duas horas seguidas se não se sentir cansado, mas não ultrapasse suas possibilidades, seu trabalho já não será proveitoso.

Em compensação, se você for estudar, não ultrapasse o limite além do qual a memorização diminui inexoravelmente. Esse limite se situa entre quarenta e quarenta e cinco minutos, dependendo da matéria estudada. Por isso, divida seu tempo de estudo em períodos de trabalho de quarenta a cinqüenta minutos, com pausas de cinco a dez minutos entre eles. Nas horas de refeição, particularmente após o almoço, quando o rendimento nunca é excelente, faça uma pausa mais longa, de sessenta a noventa minutos.

Faça com que as fases de trabalho e as fases de descanso se distingam claramente. As situações intermediárias (semitrabalho, semidescanso) são desencorajadoras. Para que a separação seja efetiva, não permaneça em sua mesa de estudos, proporcione-se um descanso curto mas real.

3.2
Alternância das matérias e das atividades

Praticar a alternância é um meio de evitar a monotonia e a impressão de repetitividade que levam ao desinteresse. Opte por começar pela disciplina em que você tem mais dificuldades; desse modo, você aproveitará os momentos em que está disposto para vencer os obstáculos; além disso, você ficará livre dela...

É preferível alternar não somente as matérias mas também o tipo de atividade: memorização, anotações, elaboração de um trabalho de longo prazo. Em todos os casos, você permitirá que o cérebro estruture os dados e esclareça-os; seu trabalho se tornará mais fácil.

4. UM PROBLEMA ESPINHOSO: COMEÇAR A TRABALHAR

Para muitas pessoas, o mais difícil é começar o trabalho. Talvez você tenha vivido a situação a seguir. Você acorda cheio de determinação. No momento em que você senta à sua escrivaninha, lembra-se de que prometera telefonar a um colega. Isso significa telefonar-lhe imediatamente. Depois desse telefonema, mais longo que o previsto, você dá uma olhada na programação de televisão. Repara no título de um filme visto no cinema, evoca algumas cenas marcantes. Instala-se novamente diante de sua mesa, mas seu espírito se evade. Para recuperar a coragem, você decide tomar um café que, afinal de contas, deve ser acompanhado por uma fatia de pão com geléia... A manhã acaba, você praticamente não avançou mas, efeito curioso, sente-se esgotado.

Essa engrenagem bem conhecida deve ser evitada a todo custo pois leva, mais cedo ou mais tarde, ao abandono. Nada é mais desencorajador do que ficar se repetindo "Tenho de trabalhar" e de sempre adiar o momento de começar. O trabalho não realizado cansa mais que o trabalho realizado e, ademais, atrapalha a vida. Além disso, quanto mais você esperar, mais as tarefas se acumularão e parecerão fastidiosas e difíceis. Quando o prazo acaba, há apenas uma solução: isolar-se dias inteiros para cumprir o programa. Essa maneira de proceder diminui consideravelmente o alcance do trabalho efetuado.

Certos procedimentos simples, alguns deles já abordados no capítulo 2, podem ajudá-lo a superar essa dificuldade.

– **Determine o tempo** que você consagrará a um trabalho e não o ultrapasse. Com isso, você já ficará mais calmo.

– **Cronometre-se.** Você viu que, quanto mais se dispõe de tempo, mais a atividade tende a se prolon-

gar, ao passo que, ao contrário, um tempo limitado é mais bem utilizado.
– **Prepare suas "ferramentas"** antes de se sentar. Se, depois de cinco minutos de trabalho, você tiver de se levantar para revirar suas gavetas à procura de carga para caneta, você perderá o fio.
– **Imagine estimulantes externos** do tipo: "Quando eu acabar tal parte, telefonarei a..., escutarei tal disco..." Planejando as distrações que você se proporcionará ao fim do trabalho, você se motivará. Isso, que talvez lhe pareça simplista, revela-se eficaz.

5. A CAÇA AO TEMPO MORTO

Se é verdade que é inútil iniciar um trabalho de certa envergadura se você dispõe de apenas cinco minutos, isso não significa que esse lapso seja inutilizável. Você pode aproveitar esse momento para **classificar** suas anotações, **fazer algumas revisões rápidas**, **estudar o vocabulário** em uma língua estrangeira...

Os intervalos entre duas aulas e o tempo passado nos transportes coletivos representam muitas horas por semana. Não as perca. Percorra suas anotações, rememore mentalmente uma aula: qual era o assunto? Quais são os pontos importantes? O que lhe pareceu pouco claro? Essa última operação pode ser realizada em todos os lugares. Ela lhe permitirá saber se você apreendeu o essencial, e situar suas lacunas. Quando se instalar em sua escrivaninha, você saberá o que deve verificar, completar.

6. O TRABALHO EM GRUPO

No meio escolar, na França, o trabalho é essencialmente individual. Salvo exceção, não se dá ênfase ao trabalho em grupo. Ora, esse tipo de trabalho apresenta inúmeras vantagens.

– Permite **um enriquecimento mútuo**, já que cada um pode transmitir aos outros seus pontos fortes.
– **Encoraja** e se revela um auxílio valioso nos momentos de desmotivação.
– **Estimula**: contatos e trocas ativam os neurônios.
– É um meio de **verificar sua compreensão**. Poder explicar a outrem é a prova de que seus conhecimentos estão realmente assimilados.
– Permite **uma divisão de tarefas**, portanto um ganho de tempo.
– **Prepara para os exames orais**, pois permite o treinamento para tomar a palavra e para reformular claramente.
– Permite uma **confrontação dos métodos de trabalho** e a adoção de novas maneiras de proceder. Os cérebros esquerdos descobrirão a abordagem dos cérebros direitos, e vice-versa. Deve-se notar que, em grupo, os cérebros direitos se

expandirão, ainda mais se seu sistema límbico for desenvolvido.

— Constitui uma **porta aberta para a vida profissional**. O sucesso de um empreendimento, de uma sociedade, geralmente é fruto de um trabalho comum e não a soma do trabalho individual. No entanto é preciso ter consciência de que o trabalho em equipe completa harmoniosamente o trabalho individual mas não pode, em nenhum caso, substituí-lo. Ele só é benéfico se cada um participa ativamente e não se contenta de se deixar levar pelo grupo. Para que isso aconteça, ele deve ser precedido e/ou seguido por uma reflexão pessoal que permita preparar e assimilar os pontos abordados durante a reunião.

7. ESTAR EM FORMA

7.1
Atividades extra-universitárias

O trabalho intelectual necessita de atividades esportivas, culturais e sociais. Trabalhar ininterruptamente de segunda-feira a domingo à noite constitui um erro de cálculo. Descanse, dedique-se a ocupações diferentes ao menos um dia por semana. É ao mesmo tempo uma garantia de equilíbrio físico e psíquico, e de eficácia.

7.2
Função da respiração

O segredo fisiológico de uma boa atividade mental reside na respiração. O cérebro necessita de oxigênio. Privada de ar puro, a memória dos trabalhadores em minas subterrâneas diminui consideravelmente. Consumimos 4 quilos de oxigênio por dia, dos quais o cérebro, sozinho, consome 20%. Ora, em geral não sabemos realmente respirar, enchemos e esvaziamos apenas uma parte de nossos pulmões. A respiração profunda permite que uma quantidade maior de ar entre: o organismo dispõe, assim, de um suprimento suplementar de oxigênio. Esse oxigênio ajuda a eliminar as toxinas. Irrigando o cérebro, **ele aumenta a capacidade de atenção**, de concentração, e diminui a propensão ao cansaço. Além disso, por ocasião de um exame, **ele contribui para controlar suas emoções** e para combater a ansiedade, pois regulariza os batimentos cardíacos.

7.3
Função do relaxamento

O relaxamento também é uma técnica essencial para recuperar suas forças e dissipar as tensões acumuladas. O treinamento vai ajudá-lo a praticar a respiração profunda e o relaxamento.

Devo precisar que é proposital o fato de eu não abordar a questão da alimentação. É evidente que é primordial ter uma alimentação equilibrada. Mas, conhecendo as condições de vida da maioria dos estudantes, não me permito dedicar cinco páginas a lhe recomendar a absorção de 100 gramas desse alimento, 150 gramas daquele, tudo isso precedido e seguido por 4 grânulos de um preparado milagroso (para quem o vende...). As receitas do "padrão de pensamento" não existem. De qualquer forma, os restaurantes universitários não as conhecem, tampouco a cozinha caseira. Eu lhe darei apenas um conselho: varie seu cardápio, não despreze as frutas, o queijo, o peixe. Você sempre pode comer uma maçã, um pedaço de queijo, ou beber um copo de leite.

TREINAMENTO

Exercício 1

Objetivo: estabelecer um plano de trabalho.

Não espere o próximo ano. Faça uma programação do tempo que lhe resta até o exame e uma programação semanal de suas atividades. Atribua cores diferentes a cada uma dessas atividades.

Exercício 2

Objetivo: saber praticar uma respiração profunda.

Esse exercício, que deve ser feito preferencialmente em pé, comporta três momentos.
– Primeiro momento: inspire calmamente pelas narinas, de modo contínuo e regular, durante oito segundos.
– Segundo momento: retenha o ar durante dois segundos.
– Terceiro momento: expire lentamente, durante oito segundos, esvaziando completamente os pulmões.
Espere alguns instantes, depois recomece. Assim que estiver um pouco treinado, você pode aumentar a duração de cada momento.
Esse exercício deve ser praticado regularmente, ao menos uma vez por dia, de manhã. Areje previamente o cômodo ou deixe a janela aberta se a temperatura externa permitir. Você também pode recorrer a ele se sentir sua atenção diminuir ou em caso de estresse. De fato, é possível praticá-lo em todos os lugares, mesmo durante um exame ou em uma sala de espera...

Exercício 3

Objetivo: saber relaxar.

Deite-se de costas, de preferência em um cômodo calmo (se não for o caso, uma música suave contribuirá para isolá-lo dos ruídos externos). Descontraia-se totalmente. Para isso, parta do rosto: relaxe os músculos do maxilar; feche os olhos, sem crispação, simplesmente unindo as pálpebras. Em seguida passe aos braços, depois às pernas: eles devem repousar sobre a cama ou o chão como pesos mortos. Cada parte de seu corpo deve estar relaxada. Você está como um gato, preguiçosamente deitado.

Assim que você tiver se conscientizado do que representa o estado de descontração, observe-se de tempos em tempos, em diferentes momentos do dia. Se seus dentes estiverem cerrados, seus ombros contraídos, respire e relaxe sua tensão. Pouco a pouco você conseguirá ficar mais relaxado, à vontade física e mentalmente.

À técnica de relaxamento, você pode acrescentar a técnica do **isolamento psíquico**. Esse procedimento consiste em esvaziar sua mente. Assim que você sentir uma idéia chegar, você a afastará até chegar a um estado vago em que terá consciência unicamente de sua existência.

Às vezes você pode se surpreender com a resistência de algumas pessoas ao cansaço. Depois de uma noite em claro, elas são capazes de trabalhar. De fato, essas pessoas se recuperam muito depressa porque sabem aproveitar o menor instante para se descontrair e se abstrair do mundo exterior. Vinte minutos de isolamento bem-sucedido podem, eventualmente, substituir uma noite de sono. No entanto, não repita com muita freqüência esse tipo de experiência: seu organismo, com o tempo, seria prejudicado.

Organizar o trabalho \ 89

ESQUEMA: ORGANIZAR SEU TRABALHO

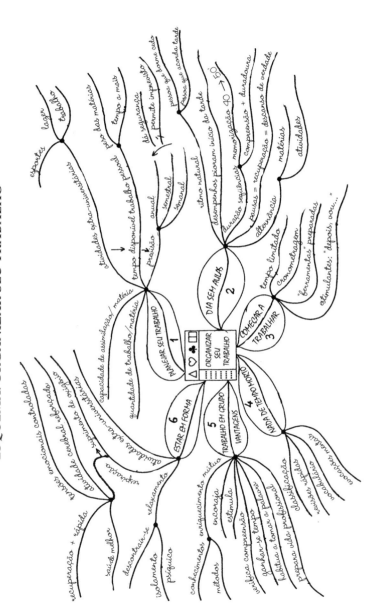

5. ENFRENTAR UM EXAME

Na *véspera* do exame, prepare cuidadosamente tudo de que necessitará, como por exemplo:
– carteira de identidade, até mesmo carteira de estudante;
– duas canetas (uma pode não estar funcionando), carga, corretor líquido, lapiseira, canetas marca-texto de cores diferentes (para indicar as idéias no rascunho), uma régua etc.

Não vá para a cama muito mais cedo do que de costume a pretexto de estar em forma no dia seguinte: você sentirá dificuldade para dormir.

No dia D, não saia de barriga vazia. Você corre o risco de acrescentar uma hipoglicemia ao estresse. Se, de modo geral, o consumo de guloseimas não é recomendado, abasteça-se, uma vez não faz mal, de alimentos ricos em glicose: doces ou, simplesmente, cubos de açúcar. Você poderá comê-los assim que sentir que seu rendimento está diminuindo. Imediatamente eles levarão a seu organismo a energia necessária, pois sua assimilação é rápida.

92 \ Como se preparar para um exame

Saia cedo o bastante para evitar a afobação, mas é inútil chegar adiantado demais: uma longa espera leva inevitavelmente a um estado de ansiedade. Além disso, fique longe de pessoas inquietas, elas lhe passarão seu nervosismo.

Ressaltadas essas precauções, podemos abordar agora o exame propriamente dito. Antes de redigir a prova, três operações são indispensáveis: dividir o tempo, analisar o tema e mobilizar os conhecimentos. Este capítulo é consagrado a isso.

1. DIVIDIR O TEMPO

É preciso calcular um pouco menos da metade da duração total da prova para a preparação (45%):
– 10% para analisar o tema;
– 20% para mobilizar idéias e conhecimentos;
– 15% para determinar a estrutura de apresentação e para demarcar as idéias anotadas em seu rascunho por meio de números ou sobrelinhamento com cores diferentes.

Se você tiver de escolher entre vários temas, decida-se em, no máximo, dez minutos.

A **redação** do texto ocupará os 55% do tempo restante:
– 30% para o desenvolvimento;
– 10% para a introdução;
– 10% para a conclusão;

– 5% para a releitura, etapa que não deve ser negligenciada.

Para ficar certo de respeitar os prazos e de não atabalhoar esta ou aquela parte de seu trabalho, anote o horário previsto para cada etapa. Dê uma olhada nele de vez em quando.

2. ANALISAR O TEMA

Estatisticamente, os estudantes que não passam nos exames compreenderam mal ou leram mal o tema. Essa dificuldade é, com freqüência, provocada pelo estresse que impele a se precipitar sobre o primeiro indício e a interpretar apressadamente o enunciado. Por isso, o candidato segue uma falsa direção. Como proceder para analisar profundamente o tema e, assim, evitar os riscos de desvio?

2.1
Ler, reformular, comparar

Em primeiro lugar, impregne-se do tema lendo-o várias vezes sem sublinhar, nem circular, nem escrever nada. Tire, então, os olhos dele e reformule-o com suas próprias palavras. Coloque-se questões: de que se trata? O que estão me pedindo? Em seguida volte ao tema e compare. Nessa etapa, você pode destacar as palavras-chave.

Se você conhecer o professor que formulou o tema, pense nas recomendações que ele fez ao longo do ano, identifique as expectativas dele.

Nada é mais perigoso do que um tema que lhe parece já ter sido tratado em uma sessão de trabalhos dirigidos, em um dever ou em um livro contendo provas acompanhadas da correção. Geralmente há nuances, até mesmo diferenças importantes entre os dois temas, e o erro de julgamento é ainda mais freqüente do que em caso de tema totalmente novo.

**2.2
Passar o tema pelo crivo utilizando o método: T.L.P.D.**

Um método infalível para trabalhar todo o tema, e apenas ele, consiste em dar sucessivamente quatro *closes* no enunciado.

Seja o enunciado: "Discuta a opinião: sem um pretexto atual, uma informação científica não é 'aceita'" (DEUG* cultura e comunicação).

• *Close* no **T**ema (**T**)
Trata-se de determinar o domínio de conhecimentos, a área na qual se situa o tema. Os substanti-

---

* Diplôme d'études universitaires générales. Diploma obtido depois de um exame no final do primeiro ciclo do ensino superior, na França. (N. da T.)

vos são, aqui, muito importantes. No enunciado tomado como exemplo, o tema é *informação*. O tema pode ser duplo. Nesse caso, ele incita, com freqüência, a uma comparação (exemplo: "cinema e televisão"); veremos mais adiante as precauções a serem tomadas contra esse tipo de tema.

- *Close* nos **Limites** (**L**)
Os limites podem ser:
– temporais ("no início do século XX");
– espaciais ("na França");
– categoriais ou setoriais ("para os jovens").

Exemplo: "Analise a situação do campesinato na Rússia no século XVIII" (DEUG LCE: línguas e civilizações estrangeiras). Esse tema comporta três limites. Trata-se de abranger os *camponeses* (e não as outras categorias da população), na *Rússia*, no século *XVIII*.

No tema mencionado mais acima, os limites são, de um lado, a informação *científica*, não a literária ou a factual, e, de outro lado, *sem pretexto atual*. Você não deve desenvolver o problema da informação em geral (sua difusão, sua objetividade...), mas centrar-se na informação científica e suas relações com a atualidade.

- *Close* na **Problemática** (**P**)
A problemática faz o tema viver, anima-o. Ela estabelece relações de causa e efeito, considera os

diferentes pontos de vista, as particularidades, as soluções... A melhor maneira de problematizar um tema é questionando-o. Assim, você teria: qual é a especificidade da informação científica? Por que ela é difícil de "aceitar"? Essa opinião concerne a todos os leitores ou ouvintes, a todos os meios de informação? Às vezes a problemática é indicada no enunciado. Nesse caso, ela faz parte dos limites.

Exemplo: "Descrever as causas do crescimento econômico mundial entre 1950 e 1973" (DEUG de ciências econômicas); você analisará as causas, não as conseqüências nem as soluções.

• *Close* na ou nas **D**iretiva(s) (**D**)
A diretiva ou instrução é a função que o examinador lhe pede para desempenhar. Com freqüência ela é exprimida por um verbo no infinitivo ou no imperativo: descreva, explique, comente...

Tema **T**	Limites **L**	Problemática **P**	Diretiva(s) **D**
A informação	científica ↕ atualidade	qual especificidade? por quê? para quem?	discuta

Essa diretiva é essencial para evitar sair do assunto. Ela também é de grande valia visto que, com freqüência, fornece indicações sobre o plano a ser adotado para elaborar o dever; pode até mesmo acontecer de ela induzir o plano.

A instrução, no exemplo apresentado, é "discuta": você deve pesar os prós e os contras, e dar sua própria opinião.

Casos particulares
"Inflação e desemprego" (DEUG AES: administração econômica e social): esse tema não comporta limites, problemática ou diretiva. Nesse caso, segundo as convenções:
– você deve se ater à situação atual, e não à situação em 1939;
– você deve estabelecer uma relação entre os dois conceitos (evite um plano do tipo: primeira parte, inflação; segunda parte, desemprego);
– de preferência, você deve se ater a uma análise e não a um comentário pessoal.

2.3
Os verbos de diretiva

Esses verbos, relativamente pouco numerosos, incluídas todas as disciplinas, determinam a maneira como você vai tratar o tema. Examinemos o que se esconde por trás de cada um deles.

Avaliar: essa diretiva se assemelha ao verbo "considerar".

98 \ Como se preparar para um exame

Caracterizar: você deve fazer os traços distintivos ou dominantes sobressaírem.

Comentar: sua função é explicar a citação, a proposição, o pensamento..., ilustrá-lo(a) com exemplos que o(a) contestarão ou confirmarão. Você pode ser levado a dar sua opinião pessoal mas, ainda aqui, a análise prevalece sobre a discussão.

Comparar: trata-se de fazer uma aproximação entre dois conceitos para evidenciar suas semelhanças ou diferenças.

Considerar: você é chamado a exprimir o valor que atribui ao juízo ou à afirmação apresentado(a): para isso, você o(a) analisa, depois examina seus aspectos verídicos, até mesmo positivos, e os aspectos contestáveis, não fundamentados. A explicação prima sobre a discussão.

Criticar: não somente você pode, mas deve posicionar-se, distinguindo o verdadeiro, o falso, os aspectos positivos, os aspectos negativos.

Definir: rara nos temas literários mas freqüente nos temas científicos, essa diretiva incita-o a determinar a que categoria pertence o conceito, a precisar seu conteúdo, a dar suas características essenciais.

Demonstrar: você deve chegar a uma conclusão, a uma tese, por meio de raciocínios, de fatos organizados de maneira rigorosa.

Descrever: você deve enumerar as características.

Discutir: essa diretiva é semelhante a "criticar". Você examina uma questão ou uma opinião, levantando

os prós, os contras, as vantagens, os inconvenientes, e toma partido. É a situação clássica: tese, antítese.
Examinar: a ênfase é dada à análise. Se o tema se refere a uma questão geral como "o tabagismo" ou "a desertificação do campo", você deve passar o tema em revista:
– expor os fatos e as situações, para depreender o problema;
– examinar as causas, até mesmo as conseqüências;
– considerar soluções sem tomar partido.
Explicar: esse verbo solicita que se analise, que se examine uma formulação, um juízo... A discussão é secundária.
Expor: como para a diretiva "examinar", sua função consiste em apresentar o aspecto global do tema, permanecendo neutro.
Ilustrar: você deve fornecer exemplos significativos para esclarecer o sentido de uma citação, de uma tese...
Temas em forma de questões: "o que você acha de...", "que reflexões lhe sugere?..." etc. Essas formulações incitam-no a dar sua opinião pessoal.

Assim, entre a descrição pura ocasionada pelos verbos "definir" ou "expor" e o posicionamento engendrado pelos verbos "criticar" ou "discutir", o grau de implicação pessoal varia consideravelmente. É bom levar isso em consideração...

3. MOBILIZAR OS CONHECIMENTOS

Uma capacidade essencial, não só por ocasião de um exame, mas também em inúmeras situações, consiste em saber mobilizar as idéias, os conhecimentos. O cérebro armazena muito mais informações do que você imagina. O mais importante é localizá-las: isso se aprende (ou melhor, deveria ser aprendido) durante os anos de escola. Para fazer a "caça às idéias", você pode recorrer a dois procedimentos em que o cérebro direito e o cérebro esquerdo são sucessivamente mobilizados.

3.1
O procedimento analógico

Em um primeiro momento, cabe ao cérebro direito agir. Escreva o tema no centro de uma folha de rascunho e deixe as idéias surgirem espontaneamente, sem preocupação com a ordem; escreva-as sucintamente sob forma de palavras-chave.

Essa apresentação, próxima do esquema heurístico, favorece as associações; ora, a memória funciona segundo esse princípio.

Nessa etapa, não se limite; mesmo que uma idéia lhe pareça um pouco vaga, considere-a: por trás de uma idéia pode haver outra...

Se, de início, duas idéias lhe parecerem próximas, agrupe-as na mesma parte da folha ou trace flechas

para relacioná-las. Busque as evocações mentais, visuais ou auditivas: elas são um reservatório ilimitado. Vá além do âmbito escolar, evoque sua experiência pessoal, a dos outros, pense na atualidade, encontre recordações ligadas a leituras, viagens, discussões...
   Se se tratar de uma questão de aula, visualize suas anotações, o esquema que você realizou; repita a você mesmo as grandes partes.
   Quando você já tiver esgotado suas idéias, releia o tema e leia em voz baixa as idéias anotadas.
   E se a ansiedade lhe subtrair as forças, e se ela o bloquear? Pratique duas ou três respirações profundas (ver p. 87); elas vão descontraí-lo, relaxar sua tensão e, além disso, irrigando seu cérebro, vão tornar você mais alerta e desencadear idéias.

3.2
O procedimento lógico

Depois da intuição, com as associações asseguradas pelo cérebro direito, o cérebro esquerdo procederá de maneira racional, organizada. Para isso, você vai explorar todos os caminhos possíveis, como se, para achar um objeto perdido, você abrisse uma gaveta depois da outra. Aqui está uma lista dessas pistas; caberá a você seguir as que convierem ao tema com que estiver trabalhando.

Pista definição: simples mas indispensável...

Pista papéis-funções

Pista comparações-oposições

Pista vantagens-inconvenientes

Pista interdisciplinar: pense em todos os ângulos, em todos os aspectos sob os quais o tema pode ser abordado: ângulo histórico, psicológico, econômico, geográfico, estético, jurídico, moral, político, pedagógico, lingüístico, sociológico, técnico etc.

Pista tipológica: examine os diferentes tipos, as diferentes categorias, as diferentes formas que o tema pode revestir.

Pista conceitual: analise o tema considerando os conceitos duais:
– curto prazo / longo prazo;   – implícito /explícito;
– geral / particular;   – subjetividade / objetividade;
– público / privado;   – teoria / prática;
– quantidade / qualidade;   – tempo / espaço.

Pista ponto de vista: considere o tema colocando-se no ponto de vista do indivíduo, da sociedade, dos poderes públicos...

Pista interrogativa: é uma verdadeira mina:
- quem? (as pessoas);
- o quê? (as coisas);
- onde? (os lugares);
- quando? (as datas, a época, os períodos);
- como? (as maneiras, os métodos);
- quanto? (as medidas, as quantidades);
- por quê? (as causas);
- para quê? (os motivos, os objetivos);
- quais as conseqüências? (os efeitos, as repercussões);
- quais as soluções?[1]

Todas essas questões podem combinar umas com as outras e com diferentes preposições.

Pista exemplo: anote os exemplos que lhe vêm à cabeça. Eles serão úteis para desenvolver, auxiliar, argumentar suas idéias.

Os dois procedimentos se completam mutuamente mesmo que o primeiro seja evidentemente mais indicado para os trabalhos em que a parte de criação for mais importante do que a parte de reconstituição de conhecimentos.

Treine-se para explorar os temas mais diversos: o barulho, a felicidade, as seitas, o romantismo, o humor... Você perceberá que, explorando metodi-

---

1. Algumas questões reúnem em parte os elementos depreendidos com o auxílio de outras pistas. No entanto, elas não são inúteis: ao mesmo tempo que engendram novas idéias, permitem verificar se nada foi deixado obscuro.

camente o tema, sempre se encontram idéias. Desse modo, você evitará a angústia da página em branco.

TREINAMENTO

Exercício 1

Objetivo: deslindar um tema com o auxílio do método T.L.P.D.

Exercite-se, nos enunciados que seguem, a identificar:
– o ou os tema(s);
– os limites;
– a problemática;
– a ou as diretiva(s).

1. Você acha que é possível, para um jornalista, ser objetivo? (DEUG cultura e comunicação).
2. A revolução informática (DEUG ciências, economia e tecnologia).
3. Explique as origens da crise de 1929, suas manifestações nos Estados Unidos e suas conseqüências (DEUG LEA: Línguas estrangeiras aplicadas).
4. Qual pode ser o efeito da demografia sobre a economia dos países ocidentais nos próximos anos? (DEUG de ciências econômicas).
5. Êxodo rural e urbanização nos países em desenvolvimento (DEUG de geografia).
6. Numerosas comédias colocam em cena personagens de valetes e criadas. Valendo-se de exemplos precisos,

você tentará depreender as características e a função desses personagens (DEUG de letras).
7. Analise as influências da civilização moderna sobre os fenômenos de inadaptação escolar (DEUG de ciências da educação).
8. Caracterize os principais problemas econômicos dos países do Terceiro Mundo (DEUG de geografia).
9. Quiseram ver em Jean-Jacques Rousseau o primeiro dos românticos franceses. Essa opinião lhe parece acertada? (DEUG de letras).
10. O trabalho das mulheres na França (DEUG AES: administração econômica e social).

Exercício 2

Objetivo: reformular e deslindar um tema.

1. Leia o primeiro tema depois escolha, entre as três reformulações (a, b, c), a que lhe parece mais fiel.
2. Passe esses temas pelo crivo para identificar, como no exercício anterior, o(s) tema(s), os limites, a problemática e a(s) diretiva(s).

1. Compare a ascensão de Mussolini ao poder à de Hitler. (DEUG de história).
   a. Compare a política de Mussolini à de Hitler.
   b. Estabeleça um paralelo entre a chegada de Mussolini ao poder e a de Hitler.
   c. Compare a ascensão do fascismo à do nazismo.
2. Analise o impacto da opinião pública sobre as decisões do governo (DEUG de sociologia).
   a. Você acha que a opinião pública pode ter repercussões nas decisões do governo?

b. Examine a influência da opinião pública sobre as decisões do governo.
c. Analise o impacto dos movimentos sociais sobre as decisões do governo.

3. Para o homem do século XX, é mais importante aprender a aprender do que acumular conhecimentos. Discuta essa opinião (DEUG de ciências da educação).
a. Para o homem contemporâneo, é mais importante aprender a aprender do que acumular conhecimentos. Justifique essa afirmação.
b. O ensino deveria enfatizar a aquisição de conhecimentos. Discuta essa opinião.
c. Atualmente é essencial possuir meios para aprender, e não somente acumular conhecimentos. Discuta esse ponto de vista.

4. Examine as dificuldades encontradas pelos países capitalistas desenvolvidos na execução de suas políticas econômicas (DEUG de ciências econômicas).
a. Examine as dificuldades encontradas pelos países capitalistas na instauração de suas políticas econômicas.
b. Examine a execução das políticas nos países capitalistas desenvolvidos.
c. Analise as dificuldades enfrentadas pelos países capitalistas desenvolvidos na execução de suas políticas econômicas.

5. Para você, por que um escritor escreve? (DEUG de letras)
a. O papel da literatura.
b. Para você, por que os escritores são levados a escrever?
c. Para você, o escritor é portador de alguma mensagem?

Enfrentar um exame \ 107

ESQUEMA: ENFRENTAR UM EXAME

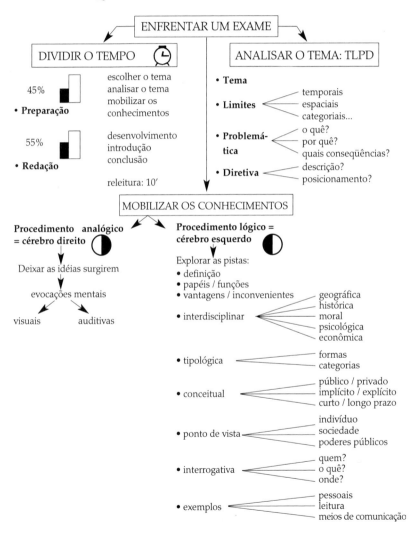

6. Construir uma estrutura

Você mobilizou suas idéias, anotou-as sucintamente. Agora, falta **classificá-las** para construir uma estrutura. Com muita freqüência, na escola, os planos são apresentados como uma formalidade e, por isso, parecem artificiais. Na realidade, um plano é um percurso demarcado, um itinerário, uma dinâmica que permite conduzir o leitor ou o ouvinte de um ponto a outro, que permite ajudá-lo a compreender. Visto desse ângulo, um plano já não é um exercício escolar mas o meio de obter uma **comunicação mais eficaz**. Isso muda tudo...

1. OS DIFERENTES TIPOS DE ESTRUTURA

Estrutura cronológica

Os elementos são dispostos em uma ordem determinada por sua sucessão no tempo. É a estrutura encontrada em:

- uma narrativa – relatam-se os fatos na ordem em que aconteceram;
- um texto histórico – apresentam-se os acontecimentos na ordem em que se produziram;
- um texto técnico, prescritivo – expõem-se sucessivamente as diferentes operações que devem ser efetuadas para fabricar o objeto, para realizar os procedimentos;
- um auto, uma ata, um relatório.

Estrutura espacial

Os diferentes lugares são descritos segundo sua disposição no espaço. É uma estrutura encontrada para descrever um país, um lugar (estação ferroviária, aeroporto, escola, apartamento) ou, ainda, um objeto...

Estrutura inventário

Enumeram-se os diferentes elementos constituintes de uma situação, de um problema.

Estrutura que vai do geral ao particular

Do todo às partes.

Estrutura que vai do particular ao geral

Do detalhe ao global.

Estrutura por categorias

Analisam-se sucessivamente ou os diferentes ângulos de um problema (aspecto social, econômico, jurídico, técnico, psicológico...), ou os diferentes pontos de vista sobre ele (do consumidor, do cidadão, do promotor, do governo, da região, da nação...), ou os diferentes tipos de problema (por exemplo: a liberdade de opinião, a liberdade individual).

Estrutura por ordem de importância

Vai-se do menos importante ao mais importante, ou vice-versa. É a primeira ordem que se aconselha a adotar em um dever do tipo dissertação para deixar o corretor com uma boa impressão, guardando a "artilharia pesada" para o final. O jornalista, em geral, opta pela segunda: ele parte de uma notícia importante que é evidenciada na manchete. O objetivo do jornalista é diferente do seu: ele deseja reter de imediato a atenção do leitor para lhe dar vontade de comprar o jornal, a revista. Um plano também é uma estratégia.

Estrutura indutiva

Parte-se de fatos ou de exemplos para chegar à lei; é assim que age o pesquisador: reúne certo número de observações, analisa-as e tenta, em seguida, generalizá-las por meio da sintetização.

Você deverá utilizar essa estrutura mais em relação ao parágrafo do que em relação ao texto. Voltaremos a isso.

Estrutura dedutiva

Enuncia-se uma lei e em seguida ela é ilustrada com exemplos. É a ordem da demonstração. No que diz respeito a você, também o recurso a essa estrutura se dará mais em relação ao parágrafo do que em relação ao texto.

Estrutura argumentativa
(comparar os aspectos opostos de X)

É a notória estrutura do debate: de um lado, distinguem-se os prós, os aspectos positivos, as vantagens; de outro, consideram-se os contras, os aspectos negativos, as desvantagens. Entre as duas partes desse plano, sempre existe uma oposição muito clara, marcada por conectores de articulação lógica como: mas, no entanto, em compensação...

Exemplo: "Vantagens e inconvenientes dos horários flexíveis" (DEUG de ciências econômicas).

Há dois modos possíveis para elaborar esse tipo de estrutura. Você os descobrirá e os praticará nos exercícios.

Estrutura comparativa (comparar X a Y)

Trata-se, não de comparar dois aspectos opostos de uma realidade, como anteriormente, mas duas realidades diferentes.

Exemplo: "Comparar o expansionismo da Alemanha ao do Japão, de 1933 a 1939" (DEUG de História).

Essa estrutura exige algumas precauções que com freqüência os candidatos ignoram. **Você deve evitar de todo modo as seguintes condutas**:
– análise do primeiro elemento – o expansionismo da Alemanha;
– análise do segundo elemento – o expansionismo do Japão;
– semelhanças e diferenças entre os dois elementos: o expansionismo da Alemanha e o do Japão;
ou:
– pontos comuns ao expansionismo nos dois países;
– diferenças entre o expansionismo nos dois países.

Em nenhum dos dois casos, você estará trabalhando o tema, você estará analisando cada elemento mas não os estará comparando.

De preferência, comece por determinar pontos de comparação precisos e, para cada um, mostre as semelhanças e as diferenças entre os dois elementos.

Você poderá chegar a uma estrutura deste tipo:
1. Razões econômicas.
2. Razões demográficas.
3. Razões ideológicas etc.
4. Táticas diferentes etc.

Estrutura fatos-causas-conseqüências

É uma estrutura freqüentemente adotada na imprensa. O jornalista começa por expor os fatos, a situação, até mesmo o problema. Em um segundo momento, ele examina suas causas. E indica, em um último momento, as conseqüências favoráveis ou desfavoráveis.

Esse plano é totalmente indicado para expor uma questão geral: a vida no subúrbio, os problemas dos jovens...[1]

Deve-se observar que, na apresentação de um acontecimento histórico (uma revolução, uma guerra etc.), as causas precedem os fatos: a estrutura cronológica predomina.

....
1. Esse tipo de tema aparece com freqüência nos exames de admissão que selecionam para o nível DEUG (jornalismo, comunicação...), assim como nos concursos administrativos. Por isso, mesmo que os temas analisados neste capítulo e no próximo sejam essencialmente temas dados no primeiro ou segundo ano de DEUG, em diferentes disciplinas, também são analisados alguns exemplos de temas de cultura geral.

Estrutura fatos-causas-soluções

Trata-se do mesmo tipo de plano que o anterior. Também é usual na imprensa. Depois de ter exposto os fatos e examinado as causas, o autor considera as soluções, as providências, os remédios. Dependendo do tema, essas duas estruturas podem se apresentar também em duas partes em vez de três:
– situação (e/ou problema) – soluções;
– situação (e/ou problema) – conseqüências;
– situação (e/ou problema) – causas.

Exemplo 1: "No âmbito de uma campanha nacional a favor da leitura, você deve examinar os problemas colocados pela leitura na França e propor medidas para incitar os franceses a lerem mais. Exponha sua ação" (concurso administrativo).
Plano possível:
1. A situação (as esperanças, as inquietudes).
2. As medidas (soluções):
– em relação ao ensino;
– em relação às bibliotecas;
– em relação às editoras...

Exemplo 2: "De menor extensão e menos povoada no início, a Grã-Bretanha, por seu desenvolvimento, ultrapassou a França nos séculos XVIII e XIX. De-

pois de analisar os fatos, você tentará depreender suas causas e conseqüências" (DEUG de história). Plano possível (praticamente imposto pelo tema):
1. A situação.
2. As causas.
3. As conseqüências.

Estrutura S.P.R.I. (Situação – Problema – Resolução – Informações)

Essa estrutura visa a trabalhar todo tema sob forma de problema a ser resolvido[2]. Decorre do método geral de resolução de problema e comporta quatro partes:
1. Analisar a **Situação** (**S**). Para isso, observá-la, documentar-se.
2. Depreender o **Problema** (**P**): compreender por que a situação engendra um problema (do grego *problêma*, "o que se tem diante de si"). Um problema supõe um autor (individual ou coletivo) e um objeto que se tem diante de si, atravessando seu caminho: um obstáculo. "Ter um problema" significa ser confrontado com uma dificuldade material ou intelectual. Um problema é por natureza relativo a uma determinada pessoa, em uma determinada situação. O exemplo clássico é o desenho de Sempé em que se vê uma família durante um piquenique,

....
2. L. Timbal-Duclaux, *La Méthode SPRI*, ed. Retz.

escutando sem reagir notícias alarmantes no rádio e, repentinamente, prestando atenção quando o assunto são os engarrafamentos nas estradas. O "problema", para essa família, é a volta para Paris, no fim da tarde.

3. Anunciar sua **R**esolução *a priori* (**R**), suas soluções. Exponha unicamente as grandes linhas, as razões de sua escolha. Ainda não entre nos detalhes.

4. Detalhar as **I**nformações necessárias à execução de sua solução (**I**). Explique como: detalhes, modalidades...

Talvez essa estrutura não sirva para seus exames, mas se revelará muito útil quando você tiver de tomar decisões ou propor soluções. Situações desse tipo não faltam, particularmente se você participa de associações.

Eis um exemplo muito esquemático de utilização da estrutura S.P.R.I. no âmbito de um grupo de trabalho com vistas a melhorar as condições de vida na Universidade.

S O restaurante universitário fica lotado das 12 às 13 horas.

P Os estudantes perdem muito tempo na fila.

R Poderia ser estabelecido um sistema de alternância.

I Somente os estudantes que tivessem aula às 13 horas almoçariam entre 12 e 13 horas. Essa alternância seria organizada com base no voluntariado.

Estrutura dialética

É uma estrutura muito conhecida mas complexa o bastante para ser bem resolvida. É elaborada com base no conceito de contradição e é composta de três partes:
– a tese, em que se examinam os prós, os pontos positivos, as vantagens;
– a antítese, em que se examinam os contras, os pontos negativos, as desvantagens, os riscos...;
– a síntese, que permite superar a contradição.

O principal risco dessa estrutura é chegar a uma caricatura do tipo: "pode ser que sim", "pode ser que não", "digamos meio a meio", ou ainda "verdadeiro", "falso", "talvez". Na realidade, na síntese você não tem de conciliar o inconciliável, mas levar as coisas em conta e sobretudo posicionar-se. Depois de ter analisado os prós e os contras de maneira muito lógica graças a seu cérebro esquerdo, deixe agir seu cérebro direito: ele realizará a síntese e dará a opinião dele.

Além disso, cada vez mais admite-se que a síntese não constitua uma parte separada mas esteja integrada à conclusão, o que é muito mais fácil. Caímos, então, na estrutura argumentativa.

Exemplo 1: "Os grandes conjuntos habitacionais são freqüentemente colocados em questão, 'máqui-

nas de alojar', eles impedem o homem de desabrochar. O que você acha disso?" (concurso público).
Você poderia adotar o seguinte plano:
1. Os aspectos positivos dessa forma de *habitat* (vantagens materiais, solução para o problema habitacional...).
2. Os aspectos negativos (do ponto de vista estético, do ponto de vista social, do ponto de vista humano...).
3. A síntese, que comporta sua opinião pessoal ("Por isso, parece que essa forma de *habitat* não pode prosseguir dessa maneira, ele exige...").
Em que ordem apresentar os dois aspectos? Seja estrategista. Examine por último a posição que será a mais próxima da sua. Assim, se você for da opinião do autor (contra os conjuntos habitacionais), apresente os aspectos negativos na segunda parte. Você passará, então, de maneira mais natural a seu ponto de vista pessoal.

Exemplo 2: "Você é encarregado de fazer um relatório sobre a aquisição, em larga escala, de fotocopiadoras mais aperfeiçoadas para sua faculdade."
Seu relatório poderá ser construído da seguinte maneira:
– A tese: "Os novos modelos de fotocopiadoras apresentam certo número de vantagens. Elas têm melhor desempenho: permitem ampliações e reduções, e as reproduções são mais apuradas."

120 \ *Como se preparar para um exame*

– A antítese: "Mas essas máquinas não deixam de apresentar desvantagens. São muito caras; além disso, por serem mais frágeis, desregulam com facilidade..."
– A síntese-conclusão: "Por todas essas razões, sugiro comprar uma quantidade limitada dessas fotocopiadoras e não deixar que sejam livremente utilizadas. Elas poderão ser colocadas em um local onde haja uma pessoa responsável por seu bom funcionamento e que dê as indicações necessárias a quem as desejar utilizar. O tipo antigo de fotocopiadora será mantido para o uso autônomo."

Todo texto é organizado em torno de uma **estrutura dominante** mas, no interior dela, diferentes tipos de estrutura se combinam. Assim, na estrutura argumentativa, os argumentos positivos e os argumentos negativos são agrupados por rubricas, por pontos de vista (estrutura por categorias). Do mesmo modo, no cerne da estrutura por categorias intervém uma estrutura inventário (primeiro argumento, segundo argumento...), ou ainda, solução preferível quando o sujeito se presta a ela, uma estrutura por ordem de importância: do argumento mais fraco ao argumento mais forte. Essas subestruturas representam as **estruturas secundárias**.

Concretamente, nesta altura, você pode ordenar as idéias encontradas graças aos procedimentos indicados no capítulo precedente. Para isso, depois de atribuir um número a cada parte (1, 2...) e a cada subparte (1.1, 1.2...) em função de sua ordem de aparição no texto, transcreva essa numeração diante das idéias anotadas. Para discernir rapidamente os elementos que pertencem a esta ou àquela parte, sobrelinhe-os com cores diferentes. Quando você já os tiver utilizado, risque-os.

2. QUE ESTRUTURA ESCOLHER?

Com freqüência, o enunciado comporta pistas sobre o caminho a seguir.

Exemplo: "Examine as conseqüências da desnutrição sobre o desenvolvimento intelectual da criança" (DEUG de psicologia).

Este tema incita à estrutura fatos (parte breve) – conseqüências. Na parte "conseqüências", você levará em conta as conseqüências de diversas ordens: você fará com que uma estrutura por categorias intervenha.

A **diretiva**, o verbo de solicitação, é um excelente indicador de estrutura.

Verbos	Estrutura adaptada
Analisar	Estrutura por categorias (considera-se um aspecto após o outro)
Caracterizar	Estrutura por categorias
Comentar	Estrutura argumentativa[3]
Comparar os aspectos opostos de um mesmo elemento	Estrutura argumentativa
Comparar dois elementos	Estrutura comparativa associada a uma estrutura por categorias
Considerar	Estrutura argumentativa combinada com uma estrutura por categorias ou por ordem de importância
Criticar	Estrutura argumentativa ou dialética
Definir	Estrutura inventário ou por categorias[3]
Demonstrar	Estrutura indutiva
Descrever	Estrutura inventário, por categorias, cronológica ou espacial, conforme o tema
Discutir	Estrutura argumentativa ou dialética enfatizando a antítese[3]
Enumerar	Estrutura inventário
Examinar, explicar uma fórmula, um juízo	Estrutura inventário e/ou por categorias e/ou por ordem de importância
Examinar, expor uma situação	Estrutura fatos-causas-conseqüências e/ou soluções[3]
O que você acha de..., o que você sugere...?	Estrutura argumentativa ou dialética

3. As estruturas argumentativa, dialética, fatos-causas-soluções ou conseqüências são sempre combinadas com uma estrutura por categorias e/ou por ordem de importância.

TREINAMENTO

PRIMEIRA SÉRIE

Objetivo: apreender a estrutura de um texto.

Exercício 1
Percorra o texto:
– leia o primeiro e o último parágrafos por inteiro;
– leia a primeira frase dos outros parágrafos.
Encontre a estrutura dominante segundo a qual o texto é construído. Indique os parágrafos referentes às diferentes partes dessa estrutura.

UM NOVO INFERNO
O estado deplorável do trânsito na capital já é objeto de comentários em demasia para que valha a pena retomá-los em detalhes. Em alguns anos, deixamo-nos encerrar em uma situação que, doravante, não depende mais de remédio, mas de cirurgia.

Paris não passa de um estacionamento superlotado onde os pedestres se introduzem no corredor estreito que separa a muralha dos edifícios de uma barreira de chapa de ferro contínua, entre a balbúrdia dos motores, sufocados pelo mau cheiro da fumaça dos combustíveis. A capital perdeu seu encantamento. As paisagens estão obstruídas, a proporção dos monumentos está falseada. Já não podemos nem vagar nem parar sem dificuldades. O deslocamento a pé já não é um passeio, mas uma obrigação penosa que comporta, em vez de prazer, apenas riscos permanentes.

Essa desordem exerce sobre os habitantes efeitos psicológicos e fisiológicos inquietantes. Ela literalmente estraga a existência de muitos deles, tensos desde manhã ao volante de um carro encaixado em um fluxo contínuo de veículos, exasperados com os congestionamentos, obcecados pela busca por um estacionamento, depois pela necessidade de trocá-lo periodicamente, desequilibrados pela visão tirânica de uma máquina que deveria ser apenas um instrumento de trabalho, e mais solicitados pela presença desse objeto inerte do que jamais foram por uma pessoa viva.

O estado de nervosismo anormal da maioria dos parisienses os faz perder não somente todo bom humor mas também toda cortesia, e os interioranos são as testemunhas afligidas por essa deplorável evolução que agrava e contribui para despojar a capital do que fazia seu prestígio sorridente. A polidez deu lugar ao egoísmo e à invectiva. Desde manhã, a vida do motorista não é mais que uma competição agressiva, uma luta permanente e fastidiosa para passar, ultrapassar a qualquer preço, com o risco de vexar outra pessoa constantemente, sem a menor preocupação com a solidariedade e, menos ainda, com a gentileza.

Assim, o homem, deixando-se dominar pelo uso de um maldito instrumento, pouco a pouco apaga o que constituía o valor de uma civilização humana.

> Philippe Lamour, *Revue politique et parlementaire*,
> janeiro-fevereiro de 1963.

Exercício 2

1. Encontre a estrutura dominante segundo a qual é construído o texto. Indique os parágrafos referentes às diferentes partes dessa estrutura.
2. Encontre a ou as estrutura(s) secundária(s) e dê alguns exemplos que justifiquem sua resposta.

INCÊNDIO NA ILHA REUNIÃO
O incêndio que em dez dias devastou entre 4.000 e 5.000 hectares de floresta e de mata nas encostas elevadas do sudoeste de Reunião foi dominado na superfície. Mas ele ainda está latente no subsolo e se propaga pelo húmus e pelas raízes que são facilmente inflamáveis devido à seca que castiga a região há vários meses. Mais de 500 homens estão no local e permanecem em estado de alerta, já que o fogo pode recomeçar a qualquer momento sob efeito do violento alísio que sopra na ilha.

A amplitude desse sinistro que parece ser de origem criminosa pode ser explicada por vários fatores: a altitude de mais de 2.000 metros em que começou, em um relevo que dificulta muito o acesso, a ausência de vigilância na floresta, a estreiteza das carreiras antifogo, assim como a seca.

Entre os hectares destruídos estão 500 hectares de floresta produtiva, essencialmente tamarindos, explorados, por causa da beleza de sua madeira, por 50 ebanistas da ilha que se verão sem fonte de sustento. Esse incêndio também reduziu a pó 20 anos de esforços do Office national de la forêt [Administração nacional da floresta], que executa a regeneração da floresta primitiva, superexplorada há dois séculos. Esse incêndio também terá conseqüências nas erosões dos solos, pois os declives muito acentuados da região serão consumidos pelas fortes chuvas da estação ciclônica.

Trecho de clipagem elaborada
por estudantes, 1988.

SEGUNDA SÉRIE

Objetivo: construir uma estrutura argumentativa.

Exercício 1

Instruções

1. Classifique os argumentos seguintes sobre publicidade em duas séries: aspectos positivos e aspectos negativos. O cérebro esquerdo está, aqui, em primeiro plano.
2. Delimite os temas em torno dos quais podem se agrupar os argumentos; por exemplo, para o primeiro argumento: publicidade e repercussões sobre a vida econômica. Você deve tomar distância, colocar-se acima da totalidade dos argumentos para poder fazer aproximações; é a vez de o cérebro direito se mobilizar.
3. Construa uma estrutura argumentativa. Você pode escolher entre dois procedimentos:

Primeiro procedimento
1. OS ASPECTOS POSITIVOS
   1.1. Tema 1.
   1.2. Tema 2.
   1.3. Tema 3 etc.
2. OS ASPECTOS NEGATIVOS
   2.1. Tema 1.
   2.2. Tema 2.
   2.3. Tema 3 etc.

Segundo procedimento
TEMA 1
– aspectos positivos;
– aspectos negativos.

TEMA 2
– aspectos positivos;
– aspectos negativos.

Dependendo do tema, você escolherá para seus trabalhos um desses dois procedimentos. Para temas muito

amplos, com múltiplas facetas, o segundo é mais fácil de manejar.
De qualquer forma, exercite-se nas duas possibilidades. Em cada parte, você optará por uma das seguintes estruturas secundárias:
– estrutura inventário;
– estrutura por ordem de importância.

Argumentos[4]

1. A publicidade contribui para a redução dos custos de produção.
2. Dizem que a publicidade informa o consumidor, mas o interesse por esse tipo de informação é baixo.
3. A publicidade permite lançar rapidamente novos produtos.
4. O preço da publicidade está incluído no das mercadorias e constitui, de fato, uma espécie de taxa.
5. A publicidade contribui para a redução dos custos de comercialização.
6. Ao contrário do que se afirma com freqüência, não está provado que a redistribuição das compras realizadas com base na publicidade seja favorável aos consumidores.
7. A publicidade aumenta a distância entre as necessidades e as possibilidades de satisfação; ela torna o homem um invejoso.
8. A publicidade permite a redução do preço dos jornais.
9. A publicidade acarreta um enorme desperdício de matérias-primas.

....
4. Não reescreva os argumentos, anote o número.

10. A publicidade pode contribuir para acelerar a compra de um produto agrícola encontrado em quantidade enorme no mercado em razão de uma colheita excepcional.

11. A publicidade engana o consumidor, utilizando argumentos falaciosos para elogiar exageradamente os produtos.

12. A publicidade alegra os muros das cidades e os corredores das estações de metrô.

13. A publicidade amplia as possibilidades de escolha do consumidor.

14. A publicidade incita o consumidor a compras que comprometem seu orçamento.

15. A publicidade destrói certas paisagens.

16. A publicidade cria empregos.

17. A publicidade responde à necessidade de descanso, inerente ao homem.

18. A publicidade atrapalha os programas de rádio e de televisão.

19. A publicidade tende a fazer do homem contemporâneo um ser passivo: "Faça como todo o mundo, beba X, leia Y..."

20. A publicidade é um investimento produtivo.

21. O consumidor é tão condicionado quanto o era o cão de Pavlov, apesar de achar que está escolhendo livremente.

22. A publicidade acaba por desviar os homens do essencial.

23. A publicidade suscita uma demanda por objetos cuja utilidade em valores absolutos é freqüentemente contestável.

24. A publicidade contribui para acelerar a demanda e, portanto, a produção em larga escala: ela acarreta uma redução do custo do produto.

Exercício 2

Instruções

Faça o mesmo trabalho realizado no exercício precedente, mas a quantidade de argumentos a serem classificados é maior. Além disso, dois argumentos dificilmente podem ser classificados em um tema particular. Desde já, pense qual poderia ser a função deles. Voltaremos a isso mais adiante.

Argumentos

1. Desde que a televisão se introduziu amplamente, podem citar-se para a maioria dos franceses os nomes dos ganhadores do prêmio Nobel ou do vencedor do prêmio Goncourt sem ter a impressão de estar falando chinês! (J. Fourastié, *Des loisirs pour quoi faire?*, ed. Casterman, 1977.)

2. A televisão proporciona um relaxamento, um descanso. Ela permite esquecer por um momento a vida cotidiana com suas dificuldades e mediocridade.

3. É incontestável que a televisão abre as mentes para novos conhecimentos, leva mensagens culturais a muitas pessoas que, sem isso, permaneceriam na ignorância (J. Cazeneuve, *Sociologie de la radio-télévision*, ed. P.U.F.).

4. Em alguns países, o Estado possui o controle da televisão. Nas mãos de um governo, esse meio de informação é menos objetivo. Trata-se menos de informar no sentido de cientificar do que "informar" no sentido de "dar forma".

5. Sob o incessante fluxo de imagens, a mente se dispersa e chegamos ao ponto de sermos incapazes de fazer uma verdadeira reflexão.

6. Graças aos progressos da tecnologia, a televisão realiza verdadeiras façanhas no que se refere à informação. Ela nos permite assistir praticamente ao vivo a acontecimentos que se desenrolam do outro lado do mundo.

7. A televisão afasta o grande público de outras distrações culturais cujo acesso é menos imediato, como a leitura, os concertos e até mesmo o cinema.

8. Existem na França mais de três milhões e meio de televisores. É, portanto, um fenômeno que tem uma importância social considerável.

9. A cultura é, graças à televisão, revelada a todos, ao passo que outrora era reservada a uma elite (segundo J. Cazeneuve, *op. cit.*).

10. A televisão é um meio de formação permanente que se traduz por uma melhora da expressão oral por assimilação. Isso é particularmente importante em certos meios culturalmente desfavorecidos.

11. O rádio e a televisão são instrumentos políticos. Sabe-se que, quando estoura uma revolução em um país, um dos primeiros objetivos dos revoltosos é a posse dos centros emissores. Da informação à propaganda política, é apenas um passo (J. Cazeneuve, *op. cit.*).

12. No geral, acusa-se a televisão de reduzir o nível cultural ao da média e de igualar o gosto da massa no

nível da mediocridade, ao qual se acaba por acostumá-la (J. Cazeneuve, *op. cit.*).

13. Para satisfazer todos os públicos que assistem à televisão, os organizadores dos programas e os apresentadores dos jornais foram levados a baixar o nível da informação a ponto de deformar a verdade para torná-la acessível.

14. A televisão tem um "enorme poder", disse Pierre Lazareff. Ela pode, pois, ser utilizada pelo governo para formar uma opinião pública sob medida, para moldar os espíritos de maneira que transforme os cidadãos em carneirinhos.

15. A qualidade dos programas de entretenimento é medíocre, se não evidentemente ruim ou mesmo de mau gosto. De fato, a televisão transforma os dramas dos outros em espetáculo: fome, guerras, catástrofes, acidentes...

16. A televisão nos oferece informações atualizadas ininterruptamente. Assim que surge um acontecimento de grande importância, qualquer programa pode ser interrompido para informar o público a respeito. Já o jornal impresso fornece as informações com uma defasagem de 12 a 24 horas.

17. O objetivo da televisão é triplo: informar, instruir, distrair.

18. Quando a televisão não existia, era hábito encontrar-se com os vizinhos ou com amigos, à noite: a vida social era muito mais intensa.

19. A televisão é um meio de iniciação à cultura artística, literária e científica (teatro, música, programas científicos...).

20. A televisão é uma janela aberta para o mundo: descoberta de povos, países, meios sociais diversos, descoberta dos problemas de nossa época, contato com todas as opiniões.
21. A televisão não reduz a leitura, pelo contrário. O telespectador com freqüência compra um livro relacionado a um programa que o interessou.
22. A televisão substituiu os encontros, as reuniões familiares, de amigos, ou associativas. As pessoas permanecem diante de seus televisores, já não saem.
23. A televisão é um entrave à comunicação familiar: impede a conversa e as trocas.
24. A televisão é o meio de dissipar os preconceitos e de aproximar os homens de todos os continentes.
25. Os meios audiovisuais podem solucionar os inconvenientes de uma formação puramente livresca que pode esclerosar as mentes.
26. Com a televisão, todos, do engenheiro ao operário, do diretor de empresa ao porteiro da fábrica, do magistrado ao varredor de rua, viram o mesmo filme, a mesma reportagem, o mesmo documentário (J. Fourastié, *op. cit.*).
27. Os programas não têm uma grande qualidade cultural. Os que têm praticamente não são adaptados ao nível de formação de cada um.
28. O telejornal tende cada vez mais a se parecer com um desenho animado.

TERCEIRA SÉRIE

Objetivo: escolher uma estrutura em função de um tema. Indique, para cada um dos enunciados que você passou pelo crivo nos exercícios "Deslindar um tema" e "Reformular e deslindar um tema" (p. 104), a estrutura dominante e as estruturas secundárias que melhor se adaptam a eles.

QUARTA SÉRIE

Objetivo: chegar a um tema a partir de uma estrutura[5].

1. Aqui estão estruturas de trabalhos efetuados por estudantes. Evidentemente, elas eram acompanhadas por uma introdução e uma conclusão. Encontre, entre os três temas propostos (a, b, c), o que corresponde à estrutura.

2. Indique a estrutura dominante e as estruturas secundárias adotadas nos três casos.

Primeira estrutura (DEUG LCE: línguas e civilizações estrangeiras)
1. POR QUE A GUERRA DE SECESSÃO?
   A. A situação dos negros nos Estados Unidos
      1. O ponto de vista geral
      2. O ponto de vista do Sul
      3. O ponto de vista do Norte
   B. Rumo ao conflito

---
5. As estruturas utilizam dois sistemas de numeração diferentes. Em seus trabalhos, você pode optar por um dos dois sistemas.

2. O DESENVOLVIMENTO DO CONFLITO
   A. A eleição de Lincoln
   B. As forças em confronto
   C. O palco das operações
   D. Algumas grandes batalhas e o massacre dos confederados
3. CONSEQÜÊNCIAS E REPERCUSSÃO DA GUERRA
   A. A emancipação
   B. O caos da reconstrução do Sul

Temas

a. Examine as principais etapas da guerra de Secessão.
b. Examine o impacto da guerra de Secessão sobre a vida dos negros nos Estados Unidos.
c. Examine as causas, o desenvolvimento e as conseqüências da guerra de Secessão.

Segunda estrutura (DEUG história da arte)

1. OS LIMITES LIGADOS À TÉCNICA: a domesticação do fogo.
2. OS LIMITES LIGADOS AOS FATORES HUMANOS: reconstituição de uma habitação neolítica a partir de escavações.
3. OS LIMITES ENGENDRADOS PELA GRANDE QUANTIDADE DE EXPLICAÇÕES possíveis: a gruta de Gargas e de Pech Merle.

Temas

a. Depreender os limites das interpretações propostas pela arqueologia nas sociedades sem escrita.

b. A partir de exemplos precisos, coloque em evidência os limites das interpretações propostas para a arqueologia nas sociedades sem escrita.

c. A partir de exemplos precisos, coloque em evidência os meios utilizados pela arqueologia para conhecer as sociedades sem escrita.

Terceira estrutura (DEUG LEAC: línguas estrangeiras, administração, comércio). Trata-se do plano de um dossiê realizado por uma estudante.
1. DEFINIÇÕES E CARACTERÍSTICAS GERAIS
   A. Definições
   B. Características gerais
      1. A empresa é uma unidade:
         – de produção
         – de distribuição
      2. A empresa é um sistema:
         – físico
         – com finalidade e social
      3. Classificação das diferentes empresas
2. A EMPRESA E SEU ENTORNO
   A. Seu entorno natural
   B. Seu entorno tecnológico
   C. Seu entorno sociocultural
   D. Seu entorno político
   E. Seu entorno econômico
3. A EMPRESA É UM GRUPO HUMANO
   A. Relações humanas em um grupo de trabalho
   B. Informação e comunicação na empresa
   C. A influência na empresa líder
4. A EMPRESA É UM GRUPO ORGANIZADO

A. As diferentes funções
 1. Concepção de Fayol (início do século)
 2. Atualmente
B. A estrutura da empresa

Temas

a. Examine as dificuldades no funcionamento de uma empresa.
b. Examine o funcionamento de uma empresa.
c. Mostre que a empresa evoluiu ao longo dos últimos vinte anos.

Construir uma estrutura \ 137

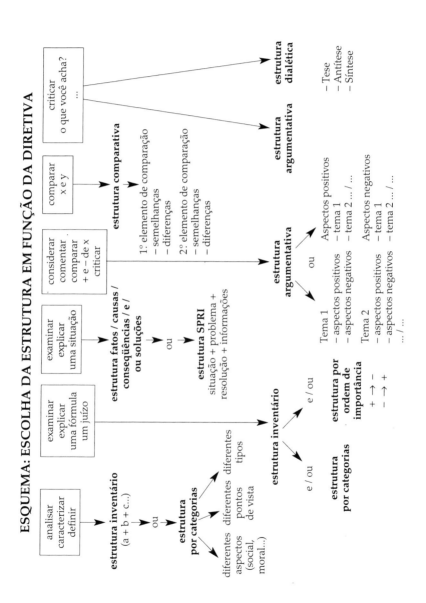

7. Dar forma ao trabalho

"Introdução atabalhoada, conclusão precipitada, parágrafos mal construídos": decerto, algum dia você já deparou com alguma dessas observações escritas em vermelho em seu dever. Você reuniu os materiais necessários a seu trabalho, escolheu uma estrutura geral, seria pena não superar a última etapa: dar forma a ele. Este capítulo se propõe depreender os critérios de êxito de uma **introdução**, de uma **conclusão** e de **um parágrafo**, e ajudá-lo a elaborar esses diferentes elementos. Ainda em relação a isso, considere a redação desses elementos não como uma formalidade que quase não o implica, mas sim como os meios para obter uma comunicação mais eficaz. Tanto os trabalhos escritos como os orais que você deverá preparar em sua vida profissional para informar, convencer... deverão, para conquistar adesão, seguir as mesmas regras.

1. A TÉCNICA DA INTRODUÇÃO

A construção de um texto escrito ou oral passa obrigatoriamente pela redação de uma introdução. Ela é uma espécie de *prelúdio*, o que estabelece o contato com o leitor ou com o ouvinte, o que quebra o gelo. Visando a isso, ela desempenha três funções:
- **anunciar o tema**: colocar o problema;
- **suscitar o interesse**: é necessário que você atraia a atenção do leitor ou do ouvinte, que desperte nele a vontade de ler ou escutar;
- **demarcar**: trata-se de indicar as grandes linhas de seu desenvolvimento, de enunciar, na ordem, os pontos que serão tratados.

Aqui está uma introdução. Como o autor procedeu?

A humanidade caminha em direção a sua própria extinção. O planeta está se tornando inabitável. Aquecimento do clima, desmatamento, erosão, poluição dos oceanos e dos lençóis freáticos... Tudo está acontecendo ao mesmo tempo, a uma velocidade vertiginosa. Os

O tema é indicado + a atenção é suscitada (1.ª e 2.ª frases).
O plano é anunciado:
– fatos (3.ª e 4.ª frases);
– causas (5.ª e 6.ª frases);
– solução (7.ª frase).
A atenção é novamente suscitada (8.ª frase até o fim do parágrafo).

efeitos se somam: constantemente há sinergias. Assim, o desmatamento e a destruição dos solos contribuem para o desajuste climático. Resta-nos pouco tempo para tomar decisões e agir. Cinco mil dias é uma estimativa. Quanto tempo nos resta exatamente? Ninguém pode dizer. É como quando alguém atira em você com um revólver: há sempre uma incerteza quanto aos efeitos que a bala pode produzir em sua barriga. Mas basta para que nos oponhamos a essa atividade!

E. Goldsmith, "5.000 jours pour sauver la planète", *Ça m'intéresse*, n.º 121, março de 1991, p. 7.

O tema é anunciado de saída: o planeta está ameaçado. Ele é apresentado de maneira que interpela o leitor (utilização de termos fortes: extinção, inabitável...). A estrutura dominante do artigo é evocada em seguida: serão examinados os fatos, as causas e as soluções. A última parte do parágrafo tem como objetivo suscitar de novo a atenção do leitor. Para isso, o jornalista coloca uma questão que desperta a curiosidade, recorre a uma comparação ("É como...") – técnica particularmente indicada para os cérebros direitos – e conclui com uma frase exclamativa, procedimento eficaz de invocação.

Todos os ingredientes para mobilizar o interesse do leitor estão presentes. O examinador com certeza não é um leitor qualquer, talvez você seja levado a atenuar suas proposições. No entanto, não se pode negar que, depois de ter examinado cinquenta provas, o corretor lhe agradecerá se sair dos lugares-comuns.

Quando escrever a introdução?
Dada a função da introdução, é impensável redigi-la enquanto as idéias e a estrutura não forem depreendidas. Você, então, não poderá elaborá-la senão por último, quando a construção estiver na fase de acabamento. Todavia, para não a negligenciar, lembre-se de reservar a ela um tempo suficiente em seu cronograma.

2. A TÉCNICA DO PARÁGRAFO

2.1
Por que dividir o texto em parágrafos?

O parágrafo constitui a menor unidade de sentido do texto. Ele é reservado para o exame de uma, e apenas uma, idéia principal. Essa idéia principal é acompanhada de idéias complementares que têm, como função, conforme o caso, desenvolvê-la, explicá-la, ilustrá-la com exemplos ou fatos precisos, indicar suas conseqüências.

De qualquer forma, a idéia principal é uma espécie de etiqueta que engloba o conteúdo do parágrafo. Ela deve poder se traduzir por um título curto.

Graças à disposição em parágrafos, as diferentes etapas do texto aparecem claramente: seu leitor sempre sabe em que ponto está.

Materialmente, o parágrafo se distingue pela mudança de linha e por um pequeno deslocamento para a direita no início da linha.

2.2
Como construir um parágrafo?

Há três grandes tipos de estrutura:

O parágrafo de tipo dedutivo (lei → fatos)

A idéia principal é anunciada, em uma ou duas frases, no início do parágrafo. Idéias complementares vêm sustentá-la nas frases seguintes. É o método mais freqüente. Eis um exemplo:

| O que sempre nos deixa maravilhados quanto aos meios de comunicação de massa é a fantástica rapidez com que a menor notícia percorre o mundo ou, ao me- | Idéia principal = 1.ª frase. Idéias complementares = outras frases. Sua função aqui é ilustrar a idéia principal com exemplos. |

nos, os países com tecnologia avançada. Demorou oito dias para que um europeu tomasse conhecimento do assassinato de Lincoln (1865), e menos de oito minutos para que ficasse sabendo do de Kennedy (1963). No que concerne ao suposto assassino, graças ao milagre da transmissão ao vivo por satélite pôde-se, imediatamente, vê-lo cair atingido por uma bala.

G. Gauthier, P. Pilard, *Télévision active-Télévision passive*, ed. Téma, 1970.

O parágrafo de tipo indutivo (fato → lei)

Trata-se da ordem inversa: certo número de fatos que representam as idéias complementares é inicialmente apresentado e a idéia principal é depreendida no fim do parágrafo. É isso que ocorre no exemplo seguinte.

O leitor pode parar durante a leitura, voltar para trás, pegar seu livro novamente no dia seguinte. Há, da parte dele, escolha e reflexão. Por isso, a leitura constitui um verdadeiro meio de cultura.

Fatos = duas primeiras frases.
Idéia principal = última frase.

Quando você percorrer um texto para tomar conhecimento de seu conteúdo, privilegie as extremidades do parágrafo: nelas você encontrará o essencial.

O parágrafo a contrario (tese-antítese)

Partimos de uma idéia contrária à que queremos sustentar, criticamo-la e acabamos por expor nossa posição.

Objeta-se com freqüência que a civilização da "imagem" impede as pessoas de pensarem, que a informação

Idéia contrária = 1.ª frase.
Posição pessoal = 2.ª frase.

visual atinge diretamente a sensibilidade sem deixar espaço para o juízo... É possível, ainda que não seja assim tão simples como pretendem; e que lugar o juízo ocupava outrora na cabeça de quem atualmente se alimenta de imagens?

Quadro dos principais conectores de articulação lógica

Você quer	Conectores de articulação adaptados	
desenvolver a idéia	afora isso ainda além disso da mesma forma de outra parte depois	desse modo e em seguida por outro lado quanto a também
precisar ou ilustrar a idéia	assim citemos isto é	notadamente ou seja por exemplo
introduzir as conseqüências	assim conseqüentemente desse modo donde logo	o que por conseguinte por isso portanto
indicar as causas ou fornecer provas	com efeito devido a já que	pois porque
mudar a idéia (opor) ou atenuá-la	contudo em compensação entretanto infelizmente	mas no entanto todavia
introduzir a conclusão	assim decididamente em resumo em suma	finalmente para concluir portanto

2.3
Como encadear os parágrafos

As relações que existem entre os parágrafos (assim como entre as idéias que compõem os parágrafos) devem ser salientadas por conectores de articulação lógica. Esses conectores (palavras ou expressões) organizam a mensagem, pontuam-na; ajudam o leitor a seguir o desenvolvimento ou o raciocínio (ver o quadro).

Alguns conectores podem ter vários sentidos; tranqüilize-se: o contexto põe fim à ambigüidade.

Exemplo
A NOÇÃO DE CULTURA

Através das diferentes representações da cultura encontradas nos diferentes grupos sociais, podemos tentar fazer um inventário aproximativo do conteúdo dessa noção. — 1º parágrafo = introdução (anuncia tema + estrutura)

Em primeiro lugar, todo o mundo reconhece que a cultura é antes de tudo sinônimo de conhecimento. — introduz a primeira parte

De fato, já se disse que a cultura era "o que permanece no espírito quando tudo foi esquecido", *mas* essa definição supõe pelo menos que se tenha começado a aprender alguma coisa. — explica / marca uma oposição

É evidente que a ignorância não pode, *de maneira alguma*, ser a base de uma cultura. *E é por isso que* os trabalhadores, instintivamente, consideram — generaliza a idéia / indica uma conseqüência

Dar forma ao trabalho \ 147

a escola como o primeiro instrumento de sua promoção, ou seja, de sua libertação.

Na realidade, a cultura ultrapassa o conhecimento, sobretudo o conhecimento superficial, *pois* exige um desenvolvimento profundo do indivíduo; ela não pode se contentar com uma especialização, mesmo intensiva, *pois* supõe um esclarecimento da realidade por diversas fontes. Não há cultura verdadeira sem uma ampliação dos horizontes, ampliação essa que pode faltar a quem permanece nos limites estreitos de uma única especialidade.

Com efeito, a especialização é limitante por natureza; as árvores escondem a floresta. A cultura exige um juízo crítico sobre os homens e as coisas, *portanto* ela necessita de um horizonte de referência bastante amplo, ou seja, de um recuo em relação aos acontecimentos, de uma ampla visão em relação às contingências.

Do mesmo modo, podemos afirmar que o caminho da busca e da descoberta é *também* o da cultura; esta última compreende não só o saber *mas também* a conquista do saber.

Em segundo lugar, a idéia de cultura aparece como a abertura para o mundo. Ela consiste em se situar, de-

—— anuncia uma explicação
—— anuncia uma justificação

A última frase do parágrafo constitui uma fórmula transitória

—— anuncia uma explicação

—— indica uma conseqüência

—— desenvolve a idéia
—— idem
—— idem
—— introduz a segunda parte

148 \ *Como se preparar para um exame*

senvolver seu senso crítico, compreender os fatos sem os ter vivido. *Isso significa* que a cultura é sinônimo de liberdade de espírito. Nem por isso, *no entanto*, isso quer dizer restrição, renúncia. A cultura não é naturalmente compatível com as barreiras sociais, com as castas, com as classes, *pois* ela é sinônimo de compreensão mútua, de diálogo, de tolerância recíproca; ela exige os intercâmbios intelectuais que permitirão o enriquecimento e o desenvolvimento pessoais. *Enfim*, para a maioria das pessoas, a cultura *também* está ligada à ação. Ela leva ao engajamento, à aceitação de responsabilidades, à verdadeira solidariedade, ou seja, a que é desejada generosamente e não simplesmente realizada de maneira quase que mecânica.

— anuncia uma explicação
— marca uma oposição
— anuncia uma explicação
— introduz a terceira e última parte desenvolve a idéia

"Les relations entre l'équipement culturel et la croissance régionale", Estudo do Conseil Économique et Social, *J.O.*, 23 de abril de 1966.

Você poderá encontrar a conclusão desse texto mais adiante, mas, desde já, tente prevê-la.

3. A TÉCNICA DA CONCLUSÃO

A conclusão representa a palavra final. É a última impressão que você deixa a seu leitor ou ouvinte. Cuidar desta última parte revela-se, pois, particularmente importante. A conclusão comporta com freqüência duas partes, das quais a primeira é incontornável e a segunda, desejável:

– **Sintetizar**: tendo atingido o fim de seu desenvolvimento, até mesmo de sua demonstração, trata-se de extrair dele o essencial, de precisar a situação e, se o tema exigir, de dar sua opinião pessoal.

– **Ampliar o problema**: a conclusão pode situar o tema em uma perspectiva mais geral para não encerrar repentinamente mas para, ao contrário, manter contato com seu interlocutor ao abrir uma janela para o futuro, para outras áreas ou para outros temas que tenham alguma semelhança. Se os exemplos ou os detalhes vêm apoiar o desenvolvimento, eles já não convêm à conclusão. Enquanto o desenvolvimento mobiliza essencialmente o cérebro esquerdo para apresentar sucessivamente as diferentes idéias, a introdução e a conclusão requerem a participação do cérebro direito para tomar distância e dominar o todo.

Examinemos como o autor procedeu na conclusão seguinte. Trata-se da conclusão do texto utilizado como exemplo na página 146. O autor estava analisando a noção de cultura.

> Em suma, a cultura ultrapassa o conhecimento; significa desenvolvimento da pessoa e liberdade de espírito; conduz à ação, está a serviço do homem. Uma cultura que não desembocasse em ação seria apenas descanso para a mente e abdicação do cidadão, e a história nos mostra que, quando a cultura popular se reduz aos jogos de circo, a decadência se avizinha.

- A conclusão é introduzida pelo conector de articulação lógica "em suma".
- De "em suma" até "do homem", o autor opera uma rememoração sintética dos pontos essenciais.
- O fim do parágrafo oferece uma perspectiva diferente sobre o tema, permitindo, desse modo, uma abertura para um campo mais amplo: os ensinamentos da história.
- A fórmula lapidar e profética "a decadência se avizinha", com a qual termina a conclusão, tem como objetivo reter a atenção.

Quando escrever a conclusão?
Evidentemente é impossível elaborar um balanço sem antes passar em revista os diferentes aspectos: a conclusão deve, portanto, ser reservada para o final, assim como a introdução. Mas atenção! Reserve tempo suficiente para redigi-la como manda o figurino.

4. UM CASO PARTICULAR: O EXAME ORAL

Todos os procedimentos examinados nos capítulos 5 e 6, assim como neste capítulo, evidentemente são convenientes: tanto para um trabalho escrito como para uma exposição oral, é preciso analisar o tema, mobilizar seus conhecimentos, construir uma estrutura, introduzir, desenvolver e concluir, sempre mantendo seu estresse sob controle. A principal diferença se refere ao *tempo de preparação*, em geral muito *curto* (dez a vinte minutos).

Escrever tudo é desaconselhável: se você ficar com a cara enfiada nas anotações, o contato com o examinador será estabelecido com dificuldade; além do mais, você não poderá levar em consideração as reações dele: aprovação, ar duvidoso...

Como proceder?
Primeira situação hipotética: você não estudou nada sobre o tema. Arrisque tudo: peça outra questão ao examinador.

Segunda situação hipotética: de imediato você entrevê o plano. Atribua um título às partes que o compõem e escreva cada título em uma folha, utilizando unicamente a página da frente. Escreva sucintamente sob forma de palavras-chave as idéias que se referem a esta ou àquela divisão. Mais do que nunca, recorra a abreviações e a sinais.

Terceira situação hipotética: no início, o plano está obscuro. Anote as idéias, sempre sob forma de palavras-chave, da maneira como elas lhe vêm à mente. Graças a esse trabalho, pouco a pouco o plano irá se constituindo. Numere ou sobrelinhe com a mesma cor as informações pertencentes a uma mesma parte. Agora só falta elaborar **anotações estruturadas** sucintas ou um **esquema heurístico** (ver p. 29): eles lhe servirão de guia. Somente a introdução e a conclusão, se o tempo for suficiente, poderão ser anotadas de maneira mais detalhada.

E se uma data, um nome ou qualquer outro elemento lhe fugirem, não perca seu tempo, eles virão com muito mais facilidade se você avançar. Enquanto você estiver avançando, seu cérebro estará trabalhando para você.

TREINAMENTO

PRIMEIRA SÉRIE

Objetivo: apreender a função da introdução.

Identifique as diferentes partes da introdução a seguir e escreva os procedimentos utilizados pelo autor.

> Se as pessoas de hoje acusam qualquer um pelos grandes males que as afligem, e atribuem sua causa mais a qualquer coisa do que ao desenvolvimento da máquina, é porque não há pior surdo do que aquele que não quer ouvir; e é preciso ter os olhos fechados à evidência para continuar a esperar, do progresso indefinido da máquina, a chegada de uma época de ouro.

Não falemos nos transtornos que o progresso das máquinas inflige sem cessar às instituições humanas, falemos apenas das vantagens com as quais elas seduzem o tolo; elas poupam tempo, poupam esforço, produzem abundância, e acabarão por assegurar a todos os homens um lazer perpétuo.

Lanza del Vasto, Le Pèlerinage aux sources,
col. Folio, ed. Gallimard, 1989.

SEGUNDA SÉRIE

Objetivo: apreender a construção de um parágrafo.

1. Encontre, em cada parágrafo dos trechos a seguir, a ou as frases que constituem a idéia principal.

2. Indique a função das idéias complementares em relação à idéia principal (ilustram, explicam etc.).

Trecho n.º 1

Com freqüência, salientou-se que o indivíduo criou para si uma espécie de carapaça e que ele se tornou quase insensível a essas tragédias sangrentas que serviam de cenário a suas refeições cotidianas. Imunizado contra a informação pelos próprios excessos da informação, ele continuaria a viver seu pequeno mundo como "nos bons e velhos tempos", atento no máximo às poucas notícias que apresentam algum interesse prático para ele. São conhecidos, por exemplo, os famosos desenhos de Sempé em que uma família que está fazendo um piquenique deixa, com indiferença, o rádio despejar as notícias mais terríveis até o momento em que o narrador, ao anunciar engarrafamentos na estrada de volta, repentinamente conquista sua atenção.

G. Gauthier, P. Pilard, *Télévision active-Télévision passive*, ed. Téma, 1970.

Trecho nº 2

Há alguns anos a bola da vez tem sido o processo da ciência e do progresso. Isso chega até ao elogio da ignorância e quase a uma nostalgia do homem de Cro-Magnon. A crítica sistemática da sociedade industrial conduz a um pessimismo total, deixando apenas duas saídas lógicas: de um lado, a revolta destrutiva à maneira dos grupos terroristas; de outro, a renúncia à vida civilizada, à sua higiene, à sua medicina, como prega particularmente o zen macrobiótico.

Jean Cazeneuve, *La Vie dans la société moderne*, col. "Idées", ed. Gallimard, 1982.

Trecho nº 3

[No parágrafo anterior, discorria-se sobre a história contada oralmente.]

A história impressa, e lida, não pode ter essa maleabilidade. Ela é definitiva, encerrada em um texto e em um livro. É claro que ela pode ser lida de maneira "vívida", é possível se deter nas passagens palpitantes e passar por outras mais rapidamente. Mas não é a mesma coisa nem para quem lê, nem para quem escuta. A criança não solicitará detalhes suplementares ("De que cor era o vestido dela?").

Além do mais, isso ela pode ver nas imagens. De fato, todos os livros destinados às crianças são abundantemente ilustrados. Essas ilustrações podem ser muito bonitas, não é esse o problema. Elas obrigatoriamente fornecem uma imagem dos personagens e dos episódios da história e, conseqüentemente, eliminam as outras, em especial as que a própria criança poderia criar – até mesmo desenhar. Por que ela desenharia coisas que o ilustrador já determinou? Ela não conseguirá desenhar tão bem...

Liliane Maury, "On ne raconte plus d'histoires aux enfants", *Le Monde de l'Éducation*, dezembro de 1981.

Terceira série

Objetivo: manejar o funcionamento de um texto.

Exercício 1

1. Indique a qual idéia principal (1, 2, 3, 4) se referem as idéias complementares (A a F).
2. Reconstitua o texto ordenando as idéias. Para isso, recorra ao sentido, aos conectores de articulação e até mesmo à pontuação. Lembre-se de prever um parágrafo para cada idéia principal.

Os livros infantis

[No parágrafo anterior, o autor constatava que o livro infantil é objeto de um mercado superabundante, que interessa cada vez mais editores.]

Idéias principais

1. Além disso, para produzir um livro a um custo mais baixo, compra-se o projeto gráfico na Feira do Livro (Frankfurt ou Bolonha).
2. Esse fenômeno evidentemente está ligado a uma política geral de consumo excessivo. Mas o livro infantil não é um produto qualquer: destinado à criança, é adquirido pelos pais.
3. Preocupados com a rentabilidade, os editores apostam na aparência, variada conforme o público visado.
4. Mas há algo mais grave do que essa degradação do livro: a evolução das idéias a respeito da criança.

Idéias complementares

A. Ora, com freqüência eles se encontram perdidos diante da escolha: querendo dar belos presentes, compram livros bonitos. Em outras palavras, a aparência (formato, capa, tipo de letra, ilustrações) é mais importante que o conteúdo.
B. Agora a infância é uma coisa séria, um problema. Multiplicam-se os estudos sobre a "relação pais-filhos" (a culpa é compensadora!), organiza-se um Ano internacional da criança, inventam-se os "superdotados" (o que, é claro, coloca problemas...).
C. Quanto ao texto, sua função é preencher os espaços em branco deixados pela ilustração: traduz-se, corta-se, adapta-se, reescreve-se, e a editora Hachette oferece, às crianças pobres, nos supermercados, "os mais belos contos de Walt Disney"...
D. Houve um tempo em que sua incumbência – após o horário de aula – era se divertir.

E. O editor Harlin Quiste, por exemplo, faz uma tiragem limitada de livros caros, cujas ilustrações, se não fossem "in", causariam pesadelos a qualquer um. Para atingir um público mais amplo, as grandes editoras multiplicam infinitamente os personagens imortais do imortal Walt Disney: "Agrada ao público."

F. Com isso, as ilustrações tornam-se muito mais baratas do que se fosse preciso contratar um ilustrador para executá-las.

Liliane Maury, *op. cit.*

Exercício 2

Apenas a primeira frase do texto está em seu lugar.

1. Encontre, entre as passagens apresentadas, as que representam as idéias principais ou "idéias-etiqueta".
2. Apoiando-se nos conectores de articulação lógica, coloque as idéias principais em ordem.
3. Escreva a qual idéia principal vinculam-se os outros trechos, que representam as idéias complementares.

O homem saturado

Por que não sabemos eliminar?

A. A tendência a conservar, característica de uma civilização por muito tempo agrária, manifesta-se na concepção de propriedade. O mito da posse de um veículo particular, verdadeira transposição da moradia individual para o meio de transporte, é uma circunstância agravante do problema do estacionamento e do trânsito.

B. O que é preciso eliminar? E em função de quê? Deparamos aqui com o problema da escolha e da escala de valores. Se os fins não são claramente expressos, os critérios de seleção são mal definidos e a eliminação não é realizada de maneira completa e lógica.

C. Em segundo lugar, se a eliminação ainda é pouco praticada, é porque é difícil eliminar.

D. A abundância vivida atualmente pelos países do Ocidente ocupou o lugar de uma carência crônica que às vezes adquiria proporções catastróficas, como ainda ocorre em algumas regiões do mundo. A riqueza é tão recente, e a pobreza está tão inscrita na história humana, que os países industrializados continuam a ser influenciados por esse modelo de carência.

E. Uma primeira razão sem dúvida está vinculada à tendência natural do homem a conservar.

F. Enfim, é preciso observar que a eliminação é uma operação custosa.

G. Exige organizações, circuitos e aparelhos cada vez mais aperfeiçoados, e seu preço torna-se cada vez mais alto (estações de tratamento de água, usinas modernas de tratamento do lixo etc.).

H. É preciso não somente fazer os dejetos desaparecerem, mas também é preciso reter objetos, idéias, estruturas, alguns elementos em relação a outros.

I. Às vezes, até mesmo é mais custoso eliminar do que criar, e decerto essa tendência se acentuará.

J. Eliminar é distinguir o acessório do principal; é, portanto, escolher.

K. Essa tendência a conservar nos impede de eliminar todos os dejetos fabricados por nossa sociedade de produção e de consumo. Corremos o risco de intoxicação.

Perspective, n? 15, abril de 1969.

QUARTA SÉRIE

Objetivo: apreender a função da conclusão.

Aqui estão quatro conclusões. Identifique suas diferentes partes e examine os procedimentos utilizados pelos autores.

1. O "MERCADO" MATRIMONIAL
[A questão colocada pelo autor na introdução e examinada no desenvolvimento era a seguinte: a evolução das mentalidades e a revolução dos costumes têm permitido, atualmente, uma mistura social por meio do casamento?]
Cada um em seu lugar, portanto com seus próximos, se não seus semelhantes. A escolha de um parceiro "para o resto da vida" pode aparecer hoje como se obedecesse a uma certa racionalidade. Na medida mesmo em que se busca uma comunidade de gostos e de aspirações, ponto de apoio da comunidade afetiva, sociólogos como Louis Roussel vêem na forma contemporânea da nupcialidade uma nova versão do "casamento de conveniência" de algum tempo atrás.

"Le 'marché' matrimonial",
Le Monde, 14 de agosto de 1983.

2. A VELHICE

É por isso que encerramos a questão em um silêncio concertado. A velhice denuncia o fracasso de toda nossa civilização. Será preciso refazer o homem inteiro e recriar todas as relações entre os homens se quisermos que a condição do idoso seja aceitável. Um homem não deveria chegar ao fim de sua vida com as mãos vazias e solitárias. Se a cultura não fosse um saber inerte, adquirido de uma vez por todas e depois esquecido, se ela fosse prática e viva, se através dela o indivíduo tivesse, sobre seu entorno, uma apreensão que se realizaria e se renovaria ao longo dos anos, em qualquer idade ele seria um cidadão ativo, útil. Se ele não fosse atomizado desde a infância, encerrado e isolado entre outros átomos, se ele participasse de uma vida coletiva, tão essencial e cotidiana quanto sua própria vida, ele nunca conheceria o exílio; em nenhum lugar, em tempo algum, tais condições foram realizadas.

Simone de Beauvoir,
La Vieillesse, ed. Gallimard, 1970.

3. APOSENTADORIAS E DIMINUIÇÃO DA NATALIDADE

Temos diante de nós um problema social inevitável que será preciso resolver. Cabe a nós forjar nossa velhice (pois estamos falando de nós no futuro): um novo papel deve ser criado.

Philippe Cibois, "Retraites et dénatalités",
Le Nouvel Observateur, 14 de janeiro de 1983.

4. GAFANHOTOS: VIAGEM AO FIM DA NOITE

Em suma, uma faixa de 300 a 400 km que se estende do Atlântico ao mar Vermelho está prestes a ser devastada pelos insetos que atingiram a maturidade. O diretor do centro de intervenção de urgência da FAO* disse: "Esse flagelo continuará a se desenvolver e se intensificará, atingindo regiões até agora intactas."

Trecho de clipagem elaborada
por estudantes, 1988.

QUINTA SÉRIE

Objetivo: construir um texto.

Exercício 1

Instruções
No exercício n.º 1 da página 126, você elaborou uma estrutura argumentativa. Agora, você vai redigir o texto correspondente a ela.

1. Elabore uma introdução.
2. Elabore o desenvolvimento organizando seus parágrafos em torno de uma idéia principal que você enunciará no início ou no fim do parágrafo, conforme ele siga um método dedutivo ou indutivo. No caso de argumentos coincidentes, você os sintetizará em uma única frase. De qualquer forma, você deve se apoiar nos argumentos oferecidos e não é, de modo algum, obrigado a utilizar todos eles. Você pode, além disso, optar por uma formulação diferente, mais pessoal.

---

* Sigla de *Food and Agriculture Organisation*; em português, Organização das Nações Unidas para a Alimentação e Agricultura. (N. da T.)

3. Vincule idéias e parágrafos por meio dos conectores de articulação lógica.
4. Elabore uma conclusão.

Exercício 2
Efetue o mesmo trabalho com os argumentos do exercício n.º 2 da página 129.

SEXTA SÉRIE

Objetivo: falar a partir de anotações sucintas.

1. Escolha um dos capítulos deste livro. Percorrendo somente os títulos e as palavras evidenciadas pela tipografia, reconstitua as idéias em voz alta como se você estivesse fazendo uma exposição oral diante de uma platéia. De preferência, realize essa atividade mantendo-se em pé; cuide para enfatizar as idéias importantes com um gesto apropriado ou com uma entonação particular, e para olhar os ouvintes imaginários.

2. Faça a mesma coisa com os esquemas situados no fim dos capítulos.

ESQUEMA: ANATOMIA DE UM TEXTO

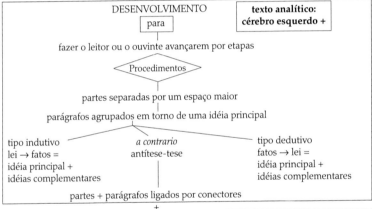

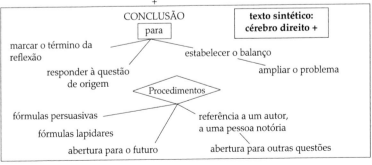

Soluções

1. Conhecer-se melhor para estudar melhor

Teste: qual é seu perfil cerebral dominante? (p. 5)

Explicação para a questão 11: os "cérebros esquerdos" em geral escolhem o lado esquerdo da sala, com a tela à direita de seu campo de visão, portanto vista por seu olho direito e por seu cérebro esquerdo (ver p. 10); com os "cérebros direitos", ocorre o contrário.

Exercício 1 (p. 14)
1. verdadeiro – **2.** verdadeiro – **3.** falso – **4.** verdadeiro – **5.** verdadeiro – **6.** falso – **7.** verdadeiro – **8.** verdadeiro.

Exercício 2 (p. 15)
1. CE (cérebro esquerdo) – **2.** CD (cérebro direito) – **3.** CE – **4.** CE – **5.** CD – **6.** CE – **7.** CD – **8.** CE – **9.** CE – **10.** CD – **11.** CE – **12.** CE.

2. Memorizar

Exercício 1 (p. 48)
O texto comporta quatro parágrafos. Os parágrafos 3 e 4, consagrados à função das sebes e dos taludes, podem ser agrupados. Com isso, distinguem-se três partes.

Anotações estruturadas

1. INTERVENÇÕES DO HOMEM NA NATUREZA
   1.1. Uma preocupação constante: melhorar a produtividade
   1.2. Ontem, um poder limitado
   1.3. Hoje, conseqüências graves
   +
2. SUPRESSÃO DAS SEBES E DOS TALUDES: POR QUÊ?
   2.1. Propriedades demasiado pequenas
   ↓
   2.2. Exploração moderna difícil
   ≠
3. SEBES E TALUDES: UMA FUNÇÃO IMPORTANTE
   3.1. Um quebra-vento
   +
   3.2. Um abrigo para o rebanho
   +
   3.3. Um refúgio para os animais úteis
      3.3.1. Animais que destroem os animais nocivos[1]
      3.3.2. Animais que destroem os animais doentes
   +
   3.4. Uma barreira contra a seca
      3.4.1. Água armazenada
      3.4.2. Erosão eliminada

....
1. As informações 3.3.1. e 3.3.2., assim como as informações 3.4.1. e 3.4.2., são subdivisões das idéias 3.3. e 3.4.

Soluções \ 167

Esquema heurístico

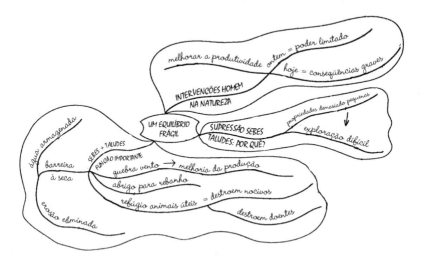

Exercício 2 (p. 50)
Os títulos e subtítulos (ou intertítulos) mencionados nos diferentes capítulos lhe fornecem o plano das anotações estruturadas. Evidentemente você pode escolher títulos que em sua opinião sejam mais evocadores. Há exemplos de esquemas heurísticos no fim dos capítulos 1, 2, 3 e 4. Compare-os com os que você elaborou.

Exercício 3 (p. 50)
Podem ser depreendidas oito leis principais:
– A memória não pode aprender sem um gesto implícito de projeto.
– A memória teme o desconhecido.
– A memória retém apenas o que ela compreende.
– A memória registra estruturas, conjuntos organizados.

- A memória funciona segundo um processo associativo.
- A memória é multiforme.
- A memória necessita de pausas.
- A memória necessita de reativações.

3. TIRAR PARTIDO DE UMA AULA

Primeira série

Exercício 5 (p. 66)
1.b – 2.a – 3.c.
As outras reformulações comportam três tipos de imprecisão: acréscimo(s), omissão(ões) e interpretação(ões).

Terceira série

Exercício 1 (p. 69)
1. As palavras a serem anotadas estão sublinhadas. Todavia, é possível que, por ocasião de uma aula real, você não anote as palavras exatas do professor, mas sim que você opere uma primeira tradução (exemplo: para "exercer capacidades intelectuais e visuais", você talvez prefira anotar "exercitar o olhar e a mente"). Esse modo de agir é inteiramente judicioso: constitui um primeiro tratamento da informação.
2. Dois traços verticais = uma parte. Um traço vertical = um parágrafo.
3. As expressões que marcam a passagem de uma parte a outra estão emolduradas. Além disso, o início da aula, de "Primeiramente" a "potencial de leitura", anuncia os diferentes pontos que serão tratados.
4. Remeta-se aos títulos e subtítulos da anotação estruturada que se encontra mais adiante.

Soluções \ 169

5. As reformulações sintéticas são as passagens em itálico.

Introdução = anúncio do tema + plano: 3 partes →

Exemplo a → conservar pois "significativo"

"Como eu havia dito na semana passada, hoje vamos abordar uma questão importante, a da leitura. A leitura é uma atividade que se encontra no cerne do estudo de vocês, no cerne de todo trabalho intelectual. Primeiramente, vamos estudar o processo de leitura, ou seja, estudar como o leitor constrói sentido a partir de sinais gráficos. Veremos em seguida o papel dos dois cérebros na leitura. Em terceiro lugar, passaremos às aplicações práticas: o que vocês podem fazer para aumentar seu potencial de leitura? || Então, primeiro ponto, como se lê? Passado o estágio das primeiras aprendizagens, vocês lêem sem decomposição nem análise uma grande parte dos textos. Para ajudá-los a compreender o que acontece, leiam esta frase: 'Os índios se aproximavam dando seu grito de guerra, o caubói pegou seu...' Vocês podem ver que a última palavra está faltando, mas sem dúvida vocês devem ter completado essa frase sem hesitar. Em que palavras vocês pensaram? ... Sim, 'colt, pistolete, revólver'. | O que lhes deu essa indicação? Em primeiro lugar, o sentido, o contexto: o que precede preparou-os para esperar essas palavras e não 'lenço' ou 'dinheiro'! Por outro lado, o pronome possessivo masculino 'seu' os fez eliminar o substantivo feminino 'carabina' que, pelo sentido, poderia convir. Esse pronome possessivo também os levou a rejeitar algumas categorias de palavras: verbos, advérbios... O leitor francês espera, de fato, que a escrita se apresente segundo uma estrutura do tipo: depois de um sujeito, um verbo; depois de um artigo, um substantivo ou um adjetivo etc. A seqüência das palavras em uma frase também constitui, portanto, uma valiosa ajuda na elaboração do sentido. Em uma leitura normal, 'sem lacunas', outro indício intervém: antes de ter visto a palavra, vocês já perceberam sua 'silhueta': trata-se de uma palavra curta, de uma palavra com várias letras que ultrapassam a linha de cima.

| Todos esses indícios: indícios de sentido, indícios sintáticos, indícios organizacionais, indícios perceptivos lhes permitem prever o que virá em seguida. Eles levam vocês a operar uma escolha muito rápida, não consciente, que a leitura, na maioria das vezes, apenas confirma. | O procedimento do

leitor treinado é elaborado, de fato, em três momentos. | Em um primeiro momento, a partir do título, da disposição nas páginas, o leitor formula suas primeiras hipóteses sobre o conteúdo do texto. Antes mesmo de o ler, seu espírito está preparado para encontrar esta ou aquela palavra e, desse modo, faz uma triagem entre os múltiplos termos possíveis. À medida que ele avança no texto e, mais ainda, na frase, a escolha se restringe. | Em um segundo momento, o leitor verifica suas hipóteses pela leitura. Se ele estiver treinado para considerar todos os indícios de que dispõe, se for ao encontro das palavras, ele poderá se contentar em roçá-las: ele não terá necessidade de demorar-se nelas, sua leitura será facilitada. | Em um terceiro momento, o leitor verifica suas hipóteses e sua leitura com o auxílio do sentido. Para validar a palavra lida é necessário, de um lado, que essa palavra caiba na frase e, de outro lado, que ela não esteja em contradição com os conhecimentos do leitor.

Exemplo a conservar pois "significativo", ⟶ mas "coelho" e "pena" bastam

Assim, a frase 'Um coelho com penas cintilantes atravessou o pátio da fazenda' é incompatível com o que sabemos desse animal e não pode ser aceita. | Portanto, ler não consiste so-

mente em identificar e associar letras, é fazer intervirem seus conhecimentos. Produz-se um constante movimento de vaivém entre o texto e o leitor, entre as informações visuais e não-visuais. No entanto, de acordo com seu perfil cerebral dominante, o leitor se apóia, prioritariamente, em um desses dois tipos de informação.
‖ Isso nos leva ao segundo ponto : o que cabe ao cérebro esquerdo e ao cérebro direito na leitura? O cérebro esquerdo decodifica as palavras, analisa minuciosamente o texto. O cérebro direito elabora hipóteses, vê o todo, as estruturas, e não os detalhes.
O leitor que interpela essencialmente seu cérebro esquerdo se apóia sobretudo nos indícios visuais, lê palavra por palavra e praticamente não associa o que sabe ao que vê. Essa maneira de proceder pode levá-lo à inação, a um tipo de visão obscurecida: sua leitura não é nem um pouco fácil. O leitor cérebro direito elabora hipóteses a partir de uma quantidade limitada de indícios visuais, ele antecipa mas não verifica. Ele lê às cegas, às vezes confunde uma palavra com outra: sua leitura é pouco confiável. |
Um leitor só pode, de fato, ser eficaz se faz intervirem conjuntamente o cé-

rebro esquerdo e o cérebro direito: desse modo, ele combina o que sabe e o que vê, mobiliza estratégias visuais e intelectuais. *Em outros termos, o leitor cérebro esquerdo utiliza uma estratégia ascendente (do texto ao leitor); o leitor cérebro direito, uma estratégia descendente (do leitor ao texto); o leitor duplo cérebro, uma estratégia interativa (do texto ao leitor, do leitor ao texto).* | Ler melhor é pre-ver (em duas palavras) melhor e ver melhor. Para isso, é necessário exercitar suas capacidades intelectuais (antecipação, formulação de hipóteses) e suas capacidades perceptivas (visão precisa, panorâmica, ágil). Como? É o que vamos ver agora ..."

6. Anotação estruturada (trata-se de um plano no interior do qual você destacará as palavras-chave que lhe parecerem indispensáveis).

1. COMO SE LÊ?
    1.1. Indícios de sentido
    1.2. Indícios sintáticos
    1.3. Indícios organizacionais
    1.4. Indícios perceptivos
    1.5. A leitura: um procedimento em três etapas
        1.5.1. Hipóteses
        1.5.2. Verificação das hipóteses pela leitura
        1.5.3. Verificação das hipóteses pela leitura com o auxílio do sentido

2. O PAPEL DOS DOIS CÉREBROS NA LEITURA
2.1. O cérebro esquerdo
  2.1.1. Tratamento ascendente: texto → leitor
  2.1.2. Leitura pouco fácil (visão obscurecida)
2.2. Cérebro direito
  2.2.1. Tratamento descendente: leitor → texto
  2.2.2. Leitura pouco confiável
2.3. Cérebro esquerdo + cérebro direito
  2.3.1. Tratamento interativo: leitor ↔ texto
  2.3.2. Leitura eficaz

5. ENFRENTAR UM EXAME

Exercício 1 (p. 104)

1. *T* (tema): objetividade do jornalista – *L* (limites): atenção, o problema é a objetividade do jornalista, e não sua função nem a objetividade em geral – *P* (problemática): como o jornalista pode ser objetivo, que meios ele pode utilizar, há casos em que a objetividade é impossível? – *D* (diretiva): "acha" = você deverá dar sua opinião pessoal.

2. *T*: informática – *L*: "a revolução", ou seja, as alterações provocadas pelo surgimento da informática. Não se trata de descrever o histórico da informática mas de ressaltar seu impacto – *P*: quais as transformações, quais as conseqüências, em que áreas? – *D*: não há diretiva claramente anunciada; neste caso, é preferível se ater à análise, sem exprimir seu sentimento pessoal.

3. *T*: crise de 1929 – *L*: origens, manifestações, conseqüências, Estados Unidos – *P*: quais são as causas da crise de 1929, como ela se manifestou nos Estados Unidos, em que áreas, quais foram as conseqüências, de que natureza? – *D*: "explicar" = salientar as relações de causa e efeito e não simplesmente citar.

4. *T*: demografia – *L*: seu efeito sobre a economia + países ocidentais + próximos anos – *P*: quais as circunstâncias, em que áreas, por quê...? – *D*: não há verbo de diretiva, mas o enunciado, em forma de questão, + "qual pode ser" chamam-no a fazer uma análise prospectiva em que as expressões do tipo "parece que", "pode-se prever"... são cabíveis; sua opinião pessoal não deve ser excluída, mas não a desenvolva longamente.

5. *T*: êxodo rural e urbanização – *L*: países em desenvolvimento – *P*: quais são as causas do êxodo rural e da urbanização, quais são as conseqüências, em que áreas? – *D*: não há verbo de diretiva, você deve analisar o problema, e não fazer um comentário pessoal.

6. *T*: personagens de valetes e criadas – *L*: comédias, as outras obras teatrais não estão concernidas, muito menos os romances... + características + funções + exemplos precisos (não generalidades) – *P*: quais características os valetes e as criadas apresentam nas comédias, que função eles têm, eles sempre possuem pontos em comum, caso contrário, quais diferenças podem ser observadas? – *D*: "depreender" = evidenciar.

7. *T*: a civilização e a inadaptação escolar – *L*: as influências (os efeitos), e não as soluções + "moderna" – *P*: o que se entende por inadaptação escolar, que relação existe entre a civilização moderna e a inadaptação escolar, de que natureza são as influências? – *D*: "analise" = depreender os diferentes tipos de influência sem tomar partido.

8. *T*: economia – *L*: problemas + países do Terceiro Mundo – *P*: quais são os diferentes tipos de problema, quais são suas causas? – *D*: "caracterize" = evidenciar as diferentes categorias de problemas e analisá-los sem se posicionar.

9. *T*: J.-J. Rousseau e o Romantismo − *L*: primeiro dos românticos + franceses − *P*: quais são as características da obra de Rousseau e as dos românticos franceses: definir o Romantismo, quais são os pontos em comum, quais são as eventuais divergências, J.-J. Rousseau é mesmo o primeiro dos românticos franceses? − *D*: "essa opinião lhe parece acertada?" = você deve dar sua opinião pessoal.

10. *T*: trabalho das mulheres − *L*: na França − *P*: quais são as mulheres que trabalham, quanto, por quê, que tipo de trabalho elas exercem, quais são as conseqüências do trabalho das mulheres, em que áreas...? − *D*: não há verbo de diretiva, trata-se de uma questão global que exige um exame sem posicionamento.

Exercício 2 (p. 105)
1. 1. **b**
2. *T*: Mussolini e Hitler − *L*: ascensão ao poder − *P*: quais são os pontos em comum na ascensão desses dois chefes de Estado ao poder, como explicá-los, em que contexto(s) econômico, social, humano...? − *D*: Compare = você deve identificar as características comuns, até mesmo as divergências, e não estudar sucessivamente o que aconteceu com Mussolini e com Hitler.

2. 1. **b**
2. *T*: opinião pública e governo − *L*: a influência = o impacto + sobre as decisões − *P*: a opinião pública influencia nas decisões do governo, em que medida, em que casos, em que áreas? − *D*: "analise" = considere os diferentes aspectos sem tomar partido.

3. 1. **c**
2. *T*: ensino − *L*: atualmente − *P*: por que em nossa época é tão importante possuir os meios para aprender

quanto acumular conhecimentos, que fatores intervêm, isso é verdade para todas as circunstâncias? – *D*: "discuta" = considerar os prós e os contras e dar sua opinião pessoal.

4. 1. **c**

2. *T*: políticas econômicas dos países capitalistas – *L*: dificuldades + países desenvolvidos + execução – *P*: o que se entende por países capitalistas desenvolvidos, que políticas eles querem colocar em prática, que tipo de dificuldade eles encontram, por quê? – *D*: "examine" = evidenciar as dificuldades, não lhe é solicitado que proponha soluções nem que dê sua opinião pessoal.

5. 1. **b**

2. *T*: o escritor – *L*: por quê = as causas – *P*: quais são as diferentes razões que levam o escritor a escrever? – *D*: não há verbo de diretiva mas "para você" o incita a dar sua opinião, apoiada em exemplos.

6. CONSTRUIR UMA ESTRUTURA[2]

Primeira série

Exercício 1 (p. 123)
ED (estrutura dominante): fatos – conseqüências. Fatos: §§ 1 e 2 – Conseqüências: os outros parágrafos (o último § constitui, além disso, uma conclusão).

Exercício 2 (p. 124)
1. ED (1): fatos – causas – conseqüências. Fatos: § 1 – Causas: § 2 – Conseqüências: § 3.

....
2. Em todo esse capítulo, a estrutura dominante será indicada pelas iniciais "ED", e a estrutura secundária por "ES".

2. ES (1): estrutura enumerativa. Exemplos: no § 2, consagrado às causas, o autor cita as diferentes causas: a altitude, a ausência de vigilância, a estreiteza das carreiras antifogo.

Segunda série

Exercício 1 (p. 126)
1. Aspectos positivos: **1, 3, 5, 8, 10, 12, 13, 16, 17, 20, 24**. – Aspectos negativos: **2, 4, 6, 7, 9, 11, 14, 15, 18, 19, 21, 22, 23**.
2. e 3.
   1. Os aspectos positivos
      1.1. A publicidade e suas repercussões na vida econômica: **1, 3, 5, 10, 16, 20, 24**[3]
      1.2. A publicidade e a vida cultural: **8**
      1.3. A publicidade e a estética (ou o entorno): **12**
      1.4. A publicidade e o consumidor: **13, 17**[4]
   2. Os aspectos negativos
      2.1. A publicidade e suas repercussões na vida econômica: **4, 9**
      2.2. A publicidade e a vida cultural: **18**
      2.3. A publicidade e a estética (ou o entorno): **15**
      2.4. A publicidade e o consumidor: **2, 6, 7, 11, 14, 19, 21, 22, 23**

....
3. Os argumentos **3, 10** e **16** podiam constituir uma rubrica específica: a publicidade, fator de expansão.
4. Esse tema poderia se dividir em dois subtemas: a publicidade e a informação do consumidor (**12, 13**), e o impacto da publicidade sobre o consumidor (**6, 7, 11, 14, 17, 19, 21, 22, 23**).

Exercício 2 (p. 129)
1. Aspectos positivos: **1, 2, 3, 6, 9, 10, 16, 19, 20, 21, 24, 25, 26**. – Aspectos negativos: **4, 5, 7, 11, 12, 13, 14, 15, 18, 22, 23, 28**.

a. e b.
Primeiro procedimento
1. Os aspectos positivos
   1.1. A televisão, meio de distração: **2**
   1.2. A televisão, meio de informação: **6, 16**
   1.3. A televisão, meio de formação e de cultura: **1, 3, 9, 10, 19, 21, 25, 26**
   1.4. A televisão e as relações entre os homens: **20, 24**
2. Os aspectos negativos
   2.1. A televisão, meio de distração: **15**
   2.2. A televisão, meio de informação: **4, 11, 13, 14, 28**
   2.3. A televisão, meio de formação e de cultura: **5, 7, 12, 27**
   2.4. A televisão e as relações entre os homens: **18, 22, 23**

Segundo procedimento
1. A televisão, meio de distração
   1.1. Aspectos positivos: **2**
   1.2. Aspectos negativos: **15**
2. A televisão, meio de informação
   2.1. Aspectos positivos: **6, 16**
   2.2. Aspectos negativos: **4, 11, 13, 14, 28**
3. A televisão, meio de formação e de cultura
   3.1. Aspectos positivos: **1, 3, 9, 10, 19, 21, 25, 26**
   3.2. Aspectos negativos: **5, 7, 12, 28**
4. A televisão e as relações entre os homens
   4.1. Aspectos positivos: **20, 25**
   4.2. Aspectos negativos: **18, 22, 23**

Terceira série

Estruturas para os temas do exercício n.º 1 da p. 104

1. ED (estrutura dominante) = estrutura argumentativa ou dialética; ES (estrutura secundária) = estrutura por categorias e/ou por ordem de importância (do menos importante ao mais importante).
2. ED = estruturas fatos (ou situação) – causas – conseqüências, com ênfase nos fatos; ES = estrutura inventário ou por categorias.
3. ED = estrutura causas – fatos – conseqüências; ES = estrutura por categorias (causas econômicas, sociais, políticas...).
4. ED = estrutura por categorias (conseqüências sociais, políticas, humanas...); ES = estrutura por ordem de importância.
5. ED = fatos – causas – conseqüências; ES = estrutura por categorias.
6. ED = estrutura acerca de duas categorias induzidas pelo enunciado: características e função; ES = estrutura por categorias. Poderíamos ter: 1) As características comuns, a) aos personagens depreciados, b) aos personagens convencionais esquemáticos etc. – 2) A função, a) dos personagens a serviço da ação, b) dos personagens a serviço dos propósitos do autor etc.
7. ED = estrutura por categorias (influências socioeconômicas, familiares, meios de comunicação de massa, fenômeno da industrialização e da urbanização...); ES = estrutura por ordem de importância.
8. ED = estrutura por categorias; ES = estrutura por ordem de importância.
9. ED = estrutura argumentativa ou dialética; ES = estrutura por categorias. Poderíamos ter: 1) As conver-

gências, a) os temas (o culto do eu, a natureza...), b) o estilo (amplidão e relevo, riqueza do vocabulário) – 2) As restrições, a) Rousseau não é o primeiro, b) algumas tendências dos românticos não aparecem etc.
10. ED = fatos (situação) – causas – conseqüências; ES = estrutura inventário ou por categorias.

Estruturas para os temas do exercício n.º 2 da p. 105

1. ED = estrutura comparativa; ES = estrutura por categorias (a fragilidade dos regimes, a tática etc.) e por ordem de importância.
2. ED = estrutura por categorias; ES = estrutura por ordem de importância.
3. ED = estrutura argumentativa ou dialética; ES = estrutura por categorias e por ordem de importância.
4. ED = estrutura por categorias; ES = estrutura por ordem de importância.
5. idem.

Quarta série (p. 133)

1. *Primeira estrutura*: **c**. – *Segunda estrutura*: **b** ("a" não leva em conta a solicitação de exemplos precisos). – *Terceira estrutura*: **b**.

2. *Primeira estrutura*: ED = causas – fatos – conseqüências; ES = estrutura por categorias para I e III, e cronológica para II. – *Segunda estrutura*: ED = estrutura por categorias; ES = estrutura inventário. – *Terceira estrutura*: ED = estrutura por categorias; ES = estrutura que vai do geral ao particular.

7. DAR FORMA AO TRABALHO

Primeira série (p. 152)

O primeiro parágrafo chama a atenção do leitor por uma construção estilística particular ("Se as pessoas..., é porque..."), assim como por expressões sugestivas, termos impressionantes ("grandes males", "afligem", "pior surdo...", "chegada de uma época de ouro"). Ele indica o tema: a importância da máquina sobre o homem. O segundo parágrafo precisa o tema ("Não falemos..., falemos apenas...") e anuncia o plano: "poupam esforço, produzem abundância, e acabarão por assegurar... um lazer perpétuo".

Segunda série (p. 153)

Trecho n.º 1 – IP (idéia principal): primeira frase; IC (idéias complementares): as outras frases. A frase 2 indica as causas, a frase 3 dá exemplos.

Trecho n.º 2 – IP: primeira e segunda frases; IC: outras frases; elas indicam as conseqüências.

Trecho n.º 3

§ 1 – IP: duas primeiras frases; IC: as outras frases; elas dão sustentação à IP, explicam-na e são construídas segundo uma estrutura *a contrario* (antítese-tese).

§ 2 – IP: primeira frase; IC: as outras frases; elas indicam as causas.

Terceira série

Exercício 1 (p. 155)
1. A = 2; B = 4; C = 1; D = 4; E = 3; F = 1.
2. Primeiro §: **2 + A**; segundo §: **3 + E**; terceiro §: **1 + F + C**; quarto §: **4 + D + B**.

Exercício 2 (p. 157)
1. C – E – F.
2. E – C – F.
3. **E + D + A + K** (primeiro parágrafo); **C + H + J + B** (segundo parágrafo); **F + G + I** (terceiro parágrafo).

Quarta série (p. 159)
1. As duas primeiras frases trazem a resposta à questão examinada no texto. Trata-se de um rápido balanço. A última frase prepara uma abertura ao fazer referência a um sociólogo.
2. As duas primeiras frases estabelecem um balanço geral, introduzido pela expressão "É por isso que". As outras frases, desfecho da reflexão, destacam a dificuldade, até mesmo a impossibilidade, de modificar a situação existente, pela repetição de "se"; a conclusão termina com uma fórmula lapidar própria para prender a atenção por uma constatação inexorável: "em nenhum lugar, em tempo algum...".
3. A primeira frase sintetiza o essencial do desenvolvimento. A segunda, por duas vezes, interpela o leitor para prender sua atenção: "Cabe a nós forjar..., pois estamos falando de nós..." Ela constitui uma exortação à ação.
4. A conclusão, introduzida pelo conector de articulação "em suma", começa por evocar rapidamente os fatos (primeira frase). A importância do problema é enfatizada na segunda frase, ao fazer referência a um especialista cuja opinião é alarmante: "flagelo..., se intensificará...".

Quinta série

Exercício 1 (p. 161)
Não há solução exata, visto que as possibilidades são variadas. Certifique-se, no entanto, de que você mencionou a idéia principal ou idéia de recuperação no início (até mesmo no fim) de cada parágrafo.
Exemplo: "A publicidade comporta múltiplas repercussões sobre a vida econômica. De fato, ela..."

Exercício 2 (p. 162)
Mesma observação feita ao exercício anterior. Decerto, você percebeu que os argumentos 8 e 17, difíceis de classificar em uma rubrica específica, podem ser utilizados na introdução. De fato, o argumento 8 permite apresentar o tema destacando a amplitude do fenômeno, ao passo que o argumento 17 constitui um meio de anunciar o plano.

Conclusão

Ao final deste livro, espero que:
– você tenha descoberto seu funcionamento mental e tenha se conscientizado de todas as suas potencialidades;
– você tenha adquirido os métodos que lhe permitam memorizar melhor, assistir eficazmente a uma aula, administrar suas atividades de maneira harmoniosa, deslindar um tema, fazer idéias e conhecimentos surgirem, construir uma estrutura, redigir seus trabalhos, em suma, ser capaz de preparar e enfrentar seus exames com mais serenidade.

Você tem a seu dispor uma gama de estratégias que o ajudará em seus estudos e ao longo de sua vida. Explore-a ao máximo.

De minha parte, concebi esta obra como um verdadeiro diálogo com você. Você sempre esteve diante de mim. O que desejo do fundo do coração é que você tenha sentido essa comunicação por intermédio do texto.

A admiração, o interesse, as reações dos alunos em relação ao curso de metodologia que ministro me levaram a compartilhá-lo com você. Sem eles, este livro não teria existido. Obrigada, então, a Stéphanie, Soria, Julio, Didier...

Obrigada também a meus filhos, Sylvain e Guillaume, que com certeza não foram o público mais fácil... Suas perguntas e suas discordâncias às vezes me levaram a procurar outros caminhos e a explorar outros procedimentos.

Impressão e acabamento
Rua Uhland, 307 - Vila Ema
03283-000 - São Paulo - SP
Tel/Fax: (011) 6104-1176
Email: adm@cromosete.com.br